Frère Roger
Prior von Taizé

Die Gewalt der Friedfertigen
Band 421, 128 Seiten, 6. Auflage

Ein Fest ohne Ende
Band 472, 128 Seiten, 5. Auflage

Kampf und Kontemplation
Band 493, 128 Seiten, 3. Auflage

Die Regel von Taizé
Band 365, 96 Seiten, 10. Auflage

Im Heute Gottes leben
Band 591, 128 Seiten, 2. Auflage

Die Dynamik des Vorläufigen
Band 649, 144 Seiten

in der Herderbücherei

Frère Roger
Prior von Taizé

Seine Bücher im
Gütersloher Verlagshaus Gerd Mohn:

Ein Fest ohne Ende
124 Seiten, kart. 9.80 DM

Die Regel von Taizé
71 Seiten, kart. 9.80 DM

Einmütig im Pluralismus
Eine Aktualisierung der Regel von Taizé
119 Seiten, Ln. 9.80 DM

Dynamik des Vorläufigen
128 Seiten, Ln. 12.80 DM

Herderbücherei

Band 614

Über das Buch
Nach „Ein Fest ohne Ende" (1969–1970) und „Kampf und Kontemplation" (1970–1972) legt der Prior von Taizé seine Tagebuchaufzeichnungen aus den Jahren 1972 bis 1974 vor: kurz skizzierte Eindrücke aus dem Alltag, Erwägungen über das Lebendige, das jeden Tag neu und überraschend ist, die vielen Begegnungen.
Von Zeit zu Zeit hält Frère Roger in seinem Tagebuch inne, für eine Meditation oder um einer Frage nachzugehen. Mit vielen gemeinsam aufbrechen, um selbst in scheinbar ausweglosen Situationen das Ungeahnte zu entdecken: dieses beharrliche Suchen durchzieht wie ein Leitmotiv das ganze Buch.
Die Aufzeichnungen enden am Eröffnungstag des Konzils der Jugend, an dem der Erste Brief an das Volk Gottes verlesen wurde, den eine internationale Gruppe Jugendlicher erarbeitet hatte. Gleichzeitig schrieb Frère Roger damals seinen Brief „Aufbruch ins Ungeahnte": „Kampf und Kontemplation haben nur eine einzige Quelle: Christus, der Liebe ist. Wenn du betest, geschieht es aus Liebe. Wenn du kämpfst, um dem Ausgebeuteten seine Menschenwürde wiederzugeben, so geschieht auch das aus Liebe. Wirst du dich auf diesen Weg führen lassen? Wirst du Christus für die Menschen leben, auch wenn du dabei dein Leben aus Liebe verlierst?"

Über den Autor
Frère Roger (geb. 1915) ist Gründer und Prior der ökumenischen Communauté (Gemeinschaft) von Taizé. 1940 ließ er sich allein in Taizé, einem kleinen Dorf im südlichen Burgund, nieder. 1949 binden sich die ersten sieben Brüder endgültig zum gemeinsamen Leben. Heute zählt die Communauté über 70 Brüder.
1962–1965 war Frère Roger als Beobachter zum Zweiten Vatikanischen Konzil nach Rom eingeladen. Damals begann es auch, daß immer mehr Jugendliche nach Taizé kamen. Aus der Begegnung mit ihnen wuchs in Frère Roger der Gedanke an ein Konzil der Jugend. 1970 kündigte er es bei einem Ostertreffen an. 1974 eröffnete er es mit 40 000 Jugendlichen im Beisein von Vertretern der verschiedenen Kirchen. Das Grundanliegen des Konzils der Jugend, zur Erneuerung einer „Kirche der Seligpreisungen" beizutragen, wird seither in Konzilsfeiern auf den anderen Kontinenten entfaltet.
Im Herbst 1976 lebte er sechs Wochen in einem Slumgebiet von Kalkutta in der Nähe der Sterbehäuser von Mutter Teresa, um dort mit einer interkontinentalen Gruppe von Jugendlichen den „Zweiten Brief an das Volk Gottes" zu schreiben, der am 5. Dezember 1976 in Notre Dame von Paris zum ersten Mal öffentlich vorgelesen wurde.

Frère Roger
Prior von Taizé

Aufbruch ins Ungeahnte

Herderbücherei

Veröffentlicht als Herder-Taschenbuch
Lizenzausgabe von Les Presses de Taizé
Die französische Originalausgabe erschien 1976
unter dem Titel
„Vivre l'inespéré"

Deutsche Übersetzung: Sr. Theresia Renata OCD
Umschlaggraphik: Taizé

1. Auflage 1977
2. Auflage November 1977
3. Auflage August 1978

Alle Rechte vorbehalten – Printed in Germany
© Verlag Herder Freiburg im Breisgau 1977
Herder Freiburg · Basel · Wien
Herstellung: Freiburger Graphische Betriebe 1978
ISBN 3-451-07614-4

*Für die Familie Joseph
in Kalkutta*

Inhalt

Im Menschen ist ein Leben verborgen . . .   11
Tagebuch: 5. April – 15. Juli 1972   17

Das Wesentliche bleibt unseren Augen verborgen   33
Tagebuch: 19. Juli 1972 – 4. März 1973 . . .   43

Wer kann uns verurteilen?   57
Tagebuch: 7. März – 24. Oktober 1973 . . .   62

Vom Zweifel zum Glauben   77
Tagebuch: 26. Oktober 1973 – 6. April 1974   83

Mit ewiger Liebe geliebt   99
Tagebuch: 8. April – 30. August 1974 . . .   104

Aufbruch ins Ungeahnte   117

Im Menschen ist ein Leben verborgen

Im Menschen ist ein Leben verborgen, aus dem seine Hoffnung entspringt. Durch dieses Leben tut sich für ihn persönlich und gesellschaftlich eine Zukunft auf.

Wagst du, davon auszugehen?

Ohne diese in deinem Innersten verankerte Hoffnung, ohne diese Zukunft, die dein Dasein übersteigt, verlierst du die Lust, voranzugehen.

Keine Hoffnung, die lediglich deine Wunschvorstellungen wiedergibt, sondern eine Hoffnung, die dich selbst in aussichtslosen Situationen noch dazu drängt, ins Ungeahnte aufzubrechen.

In der verborgenen Begegnung mit Christus kannst du sogar auf den plötzlichen Abbruch offenbar unausweichlicher geschichtlicher Entwicklungen warten.

Solche Hoffnung entfacht eine schöpferische Kraft, die alle Zwangsläufigkeiten von Ungerechtigkeit, Haß und Unterdrückung sprengt.

In der verborgenen Begegnung wächst Hoff-

nung, Hoffnung durch einen anderen. Sie entwirft die Welt neu.

Wenn du die Mitte deines Lebensraumes in dich selbst legst, versinkst du in Ichbezogenheit, zerbrechen deine schöpferischen Kräfte und deine Fähigkeit zu lieben.

Für dich wie für jeden anderen Menschen auf der Erde brennt ein Feuer, das diese Mitte neu setzen und dort Liebe entzünden kann: sein Geist in dir.

Sobald seine Einwirkungen, Anregungen und Eingebungen erwachen, lodert das Leben auf, stark und intensiv.

Wirst du in der Vorhut der Kirche stehen und Spender lebendigen Wassers sein? Wirst du den Durst der Menschen stillen, die die Quelle suchen?

Der Wille allein genügt nicht, um dem Frieden und der Gerechtigkeit dienen zu können. Wir müssen weiter bis zur Quelle gehen und in uns Kampf und Kontemplation versöhnen.

Wer wäre zufrieden, sich nur einseitig auf das Gebet oder den Kampf um Gerechtigkeit oder Frieden zu beschränken? Wer würde ertragen, daß man ihm nachsagt: Er redet, aber er handelt nicht danach; er sagt „Herr, Herr", aber er erfüllt nicht den Willen des Herrn; er sagt „Gerechtigkeit, Gerechtigkeit", ohne sie selbst zu üben; er sagt „Frieden, Frieden", aber in ihm ist Streit?

Ein solches Zerrbild beunruhigt dich und viele andere, die mit brennendem Verlangen Christus in der Kontemplation suchen und gleichzeitig für Gerechtigkeit und Frieden ihr Leben aufs Spiel setzen.

Immer noch klingt mir in den Ohren, was junge Asiaten mir gesagt haben: „Früher hat man uns importierte Gebetsformen aufgezwungen, die unserer eigenen geistigen Veranlagung in keiner Weise Rechnung trugen; jetzt führt man bei uns Gerechtigkeitsprogramme ein, die anderswo erarbeitet wurden und sogar miteinander konkurrieren; vom Konformismus des Gebets ist man zum Konformismus der Gerechtigkeit übergegangen."
Wenn wir nur reden, ohne zu handeln – und das gilt ebenso für das Gebet wie für die Bemühungen um Gerechtigkeit –, stellen wir uns mit den Unterdrückern auf eine Stufe.

Laß dich nicht festlegen auf die Alternative: Engagement auf seiten der Unterdrückten oder Suche nach den Quellen.
Nicht Kampf oder Kontemplation, sondern das eine mit dem andern zusammen, das eine als Quelle des andern.
Dieser Radikalismus des Evangeliums fordert zu viel, als daß du jene verurteilen könntest, die nicht begreifen.
Laß dich nicht lähmen, weil man dich nicht versteht. Von dir ist das Wagnis deines Lebens gefordert.

Dich bei der Hand nehmen und mitfortziehen auf diesem Weg? Niemand kann das für dich tun...

Außer dem, der dich schon erkannt hat...

5. April 1972

Bis ans Ende der Welt, ja wenn nötig, bis an die Grenzen der Erde würde ich gehen, um mein Vertrauen in die neue Generation, mein Vertrauen in die Jugend immer wieder hinauszurufen, wieder und wieder.

Unsere Aufgabe als Ältere ist es, zuzuhören, nicht zu verurteilen: zuzuhören, um die schöpferische Intuition zu erspüren, die in den Jugendlichen wohnt.

Sie bahnen Wege, sie brechen Schranken nieder, um das Volk Gottes mit sich fortzureißen. Ihnen wird es gegeben sein, einen Raum jenseits trennender Grenzlinien zwischen den Glaubenden zu erschließen, sie werden Formen des Miteinanders von Glaubenden und Nichtglaubenden erfinden.

Was die alten Menschen anlangt, bin ich überzeugt, daß ohne sie die Erde unbewohnbar wäre. Gesellschaften, Familien, Kirchen, die sie auf die Seite schieben, wissen nicht, was sie tun.

Greise, die in ihren Tod einwilligen, erwerben eine unersetzbare Einfühlungsgabe. Sie begreifen mit der Einsicht des Herzens. Mit dem Vertrauen, das die Liebe verleiht, führen sie die Jungen und die nicht mehr ganz Jungen zu ihrem wahren Wesen zurück. Sie sehen das Beste in ihnen und lassen vergrabene Quellen hervorbrechen.

Ein Bruch zwischen den Generationen wäre der Suche nach dem Universellen entgegengesetzt.

6. April
Gott ist so unauflösbar mit dem Menschen verbunden, daß er überall gegenwärtig ist, wo es Menschen gibt, mögen sie es wollen oder nicht.

7. April
Vor zwei Jahren haben wir beschlossen, die Vorbereitung des Konzils der Jugend in der Form eines „in unserm Innern gelebten Abenteuers" zu beginnen. Das bedeutete gegen den Strom schwimmen, gegen das für unsere Zeit übliche Anpassungsverhalten an bestehende Verhältnisse angehen, das sich so leicht mit Engagements ohne Morgen abfindet.

Lebendiges Wasser – Christus – in uns sprudeln lassen, und Abgründe füllen sich auf durch in uns verborgenes Leben. Das rückt uns weit fort von den für unsere Gesellschaft charakteristischen repressiven Lebensformen.

Soll man sich dieser Frische des Evangeliums

verschließen? Niemals! Mag sie auch noch so flüchtig sein, sie birgt das Glück der Seligpreisungen in sich. Aus ihr entspringen Poesie, Vorstellungskraft und die Fähigkeit, aus dem härtesten Holz Feuer zu machen: selbst aus dem Verlassenwerden, selbst aus dem Tod geliebter Menschen entsteht feurige Glut.

Wenn wir uns diesem Abenteuer aussetzen, erfahren wir, daß es nicht bei unserer Person haltmacht. Sonst würde es zu einem in sich selbst begrenzten Aufbruch werden und sich gegen uns kehren. Kaum ist es erwacht, drängt es unwiderstehlich zur mitmenschlichen Begegnung. Es treibt uns hinauf auf einen Berg, auf dem „eine Stadt steht, die erleuchtet ist, um von allen gesehen zu werden".

Seit zwei Jahren lassen wir uns in ein inneres Abenteuer ein. Es stärkt die Berufung zum Universellen – für alle dasein.

Wer aber würde das innere Abenteuer nicht fürchten? Es hindert jede bequeme Seßhaftigkeit. Es schmeckt nach wilden Früchten, unerwartet taucht es an den Wegbiegungen auf. Es macht uns offen für das Ungeahnte.

8. April

Zusammen mit einem Bruder zu Besuch bei Abbé Buisson. Ein Antlitz voll Frieden und Barmherzigkeit. Er sieht bereits das Unsichtbare. Wird es spürbar? Mit seinen 86 Jahren hat er in meinem

Leben ein wenig den Platz Johannes' XXIII. eingenommen.

Noch als Vierzigjähriger konnte er sich nicht entschließen, Priester zu werden, so sehr war er von Skrupeln, Schuld- und Minderwertigkeitsgefühlen beherrscht. „Das hat mich gelehrt, die Menschen zu verstehen, die zu mir kommen, um sich auszusprechen."

Während ich ihm zuhöre, stehe ich auf, um ihm bei dem behilflich zu sein, was er selber nicht mehr tun kann: drei Gläser aus dem Schrank nehmen, etwas Wein eingießen, Gebäck anbieten, das er für unseren Besuch gekauft hat.

Er behauptet, er könne keinerlei Früchte seines Dienstes sehen. Wenn er in den Schoß Gottes zurückgekehrt sein wird, wird er erkennen, was sein priesterlicher Dienst mit sich gebracht hat.

3. Mai
Seit drei Tagen hat die Wärme alles durchdrungen. Am offenen Fenster lehnend, lausche ich auf die vielfältigen Geräusche, die aus dem Wald aufsteigen.

Die Stiefmütterchen sind schon verwelkt, früher als in anderen Jahren. Beim Brunnen stehen noch ein paar gelbe Tulpen, ganz umhüllt von zwei weißen und malvenfarbigen Flecken, Sturzbächen von kleinen wilden Blumen, die sich einige Meter von meinem Fenster entfernt jenseits des Grabens, der mich von ihnen trennt, über die Mauer ergießen.

5. Mai
Soeben ist G. aus Brasilien gekommen. Er ist der einzige Priester in einer Gemeinde mit 28000 Menschen in der Nähe von Recife. Die Kindersterblichkeit ist dort hoch. Es kommt vor, daß Kinder unter sich und ohne Beteiligung von Erwachsenen andere Kinder beerdigen oder daß der Gatte seine Frau selbst bestattet.

10. Mai
Besuch von einem der Führenden der indianischen Bewegung in Lateinamerika. Er berichtet, wie sein Bruder getötet wurde, als er Arbeiter in Schutz nahm. Nachdem seine Angreifer ihn lange mit Schlägen mißhandelt hatten, fuhren sie mit einem Lastwagen über seinen Körper. Er schreibt es dem Glauben seiner Eltern zu, daß er fähig ist, sich durch den Tod seines Bruders nicht entmutigen zu lassen und den Entrechteten weiterhin beizustehen. Er fragt: Wie könnte ich behaupten, Gott zu lieben, wenn ich meine Brüder nicht durch die Tat liebe? Wie läßt sich ein unter Gewaltanwendung geführter Kampf gegen die Unterdrücker meiner indianischen Freunde mit dem Ruf des Evangeliums in Einklang bringen?

20. Mai
Warum noch nicht die katholische eucharistische Kommunion empfangen? Alles scheint dafür bereit zu sein.

21. Mai
Pfingsten. Zwei meiner Brüder kehren von einem einmonatigen Aufenthalt in Spanien zurück. In Galizien und Asturien haben sie junge Menschen getroffen, die bis zur Verlassenheit isoliert sind. Die Angst erstickt ihr Leben. Weint, ihr Geliebten Gottes.

Besuch Pater Arrupes. Es ist noch nicht allzulange her, da genügte der Name des Jesuitengenerals, um gewisse Leute in Schrecken zu versetzen. Und nun ist dieser Mann der Johannes XXIII. seines Ordens. Er ist einer der Zeugen für den Frühling der Kirche.

23. Mai
Pfingstdienstag. Einige Kilometer von hier ist ein junger Mann bei einem Autounfall tödlich verunglückt.

Nach dem Mittagessen traf ich mit dem Fahrer des Kleinbusses zusammen. Er saß in der Kirche auf einem Hocker. Sein Blick schien durchsichtig wie tiefe Wasser vor dem Sturm. Wir sprachen kein Wort. Ich blieb stehen, die Hand auf seinem Kopf. Nach und nach kamen die andern, die in dem verunglückten Wagen gewesen waren, herein. Sie wußten noch nicht, daß Hans-Peter im Krankenhaus gestorben war. Sie entnahmen es unserem Schweigen, so wie sie nacheinander hereinkamen. Ich fing an zu beten, andere stimmten ein in eine lange und nüchterne Litanei.

Später erzählten sie mir, daß der siebzehnjährige Elektromechaniker Hans-Peter erst vor kurzem wieder zum Glauben gefunden hatte. Der junge Fahrer war ihm darin besonders nahegestanden.

3. Juni
Jahrestag des Todes Papst Johannes' XXIII. Dieser Mensch hat es verstanden, über die unmittelbaren Situationen hinauszublicken. Er hat die Drohungen mit dem Schlimmsten nicht an sich herankommen lassen. Zwei meiner Brüder und ich haben ihn drei Monate vor seinem Tod weinen sehen, weil man den wahren Sinn seiner Absichten verkehrte. Es war die größte aller Anfechtungen, und doch hat er sich nicht in diesen Netzen verfangen. Noch mit 82 Jahren überschritt er alle Hindernisse und entwarf seinen letzten Text: „Pacem in terris". Es hat nicht an Versuchen gefehlt, die Veröffentlichung dieses Textes kurz vor seinem Tod zu verhindern. Aber es ist ihm gelungen, bis zum Ende zu gehen. Auch darin ist er der universale Hirte gewesen; er hat Gefahren auf sich genommen, ohne auf seine Verleumder einzugehen.

Johannes XXIII. hat als Greis die Eigenschaften eines Menschen gezeigt, der durch seine eigene Hoffnung und Lauterkeit in anderen noch verborgenes Leben wachruft. Man mochte seine lautersten Absichten verdrehen, er stürzte nicht in den sich vor ihm auftuenden Abgrund. Sein Blick ging über die vielfältigen Versuche, auf ihn Druck auszuüben, hinweg. Wären seine Anordnungen nur einer Reaktion entsprungen, so hätte er seinen Auftrag nicht erfüllen können. Wäre es ihm um Selbstrechtfertigung gegangen, so wäre er stekkengeblieben. Er hielt es für besser, seine Schritte im Weitergehen verständlich werden zu lassen.

4. Juni
Die frische Luft nach dem heutigen Regen erquickt bis in die Seele hinein. Das zarte Abendlicht auf den Bergen von Tournus ändert sich von Augenblick zu Augenblick. Im Tal die schnellen Wagen – es ist die Stunde nach Arbeitsschluß.

5. Juni
Abend mit einem jungen Paar, Gewerkschafter. Gegenwärtig sind sie in ihrem Kampf auf einem Tiefpunkt angelangt und kommen nicht weiter. Sie fühlen sich im Stich gelassen von den Jungen, denen es hauptsächlich um ihre wirtschaftliche Besserstellung geht. Wir fragen uns: Wie kann man über die Hindernisse hinwegkommen? Jede leidenschaftliche Suche kennt Tiefpunkte. Jenseits der augenblicklichen Situation der beiden liegen neue Ufer. Und sie wissen, wo sie eine Neugeburt finden.

7. Juni
Am Samstag feierten H. und J.B. ihre goldene Hochzeit. In der romanischen Kirche haben wir uns um dieses Ehepaar aus dem Dorf versammelt. Sie haben unsere Anfänge miterlebt, sie haben ihr Teil an unserem Abenteuer auf sich genommen. Jahrelang wurden unsere Gäste in ihrer Küche und ihrem niedrigen Zimmer bewirtet. Gemeinsam haben wir Lasten getragen.

11. Juni
Vor der Abreise ein Augenblick mit Edith und ihrem Mann. Seit nahezu 40 Jahren hatten wir uns nicht mehr gesehen. Als meine Eltern mich bei Ediths Mutter in Pension gaben, war sie verlobt. Sie sagte, ich hätte damals vor allem mit ihrer Mutter gesprochen und sie habe sich mir damals nicht gewachsen gefühlt. Dabei war ich selbst damals eingeschüchtert durch ihren Ernst, den ich für Hochmut hielt!

Ich erinnere sie daran, daß ich es ihrer Familie verdanke, den katholischen Glauben von innen kennengelernt zu haben. Erinnern Sie sich noch, Edith, an die eucharistische Frömmigkeit Ihrer Mutter? Sie hatte viele Anfechtungen zu tragen, aber gerade daher rührte ihre Ausstrahlungskraft.

Gleich nach diesem Gespräch stieg ich in den Zug, wo ich das Gespräch mit mir selber fortspann. Erinnern Sie sich noch, Edith, an die Epiphaniasfeier am 6. Januar 1929 oder 1930? Diese festlichen Augenblicke haben in mir Fragen aufgeworfen, sie haben an mir gearbeitet. Und Epiphanias ist für Taizé ein wichtiges Fest geworden.

21. Juni
Eine Fernsehsendung, in der jungen Menschen Gelegenheit geboten wird, das vorzubringen, was sie sagen wollen. Ein Strom frischer Luft, und doch ist bei weitem nicht alles, was sie sagen, von gleichem Wert. Warum bin ich dankbar? Weil ich in meiner Jugend auf Gleichgültigkeit stieß, als ich Einwände vorzubringen suchte gegen das überlieferte Denken, unter anderm gegen das gleichgültige Anpassungsverhalten der in zahlreiche Konfessionen gespaltenen Christen. Die Teilnahmslosigkeit schien mir so groß, daß ich mir manchmal sagte: Willige ein, dein ganzes Leben lang keinerlei Früchte aus dem Einsatz deines Lebens zu sehen. Darum empfinde ich heute lebhafte Sympathie für die Jugendlichen. Wie vielen von ihnen wird es gelingen, anderen etwas von der Lauterkeit ihrer Absichten verständlich zu machen?

29. Juni
Fátima ist mit anderen Kindern zu mir gekommen. Auf dem Gesicht dieser kleinen Portugiesin liegt seit einigen Wochen ein Ausdruck, wie er nur Engeln vorbehalten sein dürfte. Ich beginne ihr eine Geschichte zu erzählen, die ich mir nach und nach

ausdenke. Sie hört mehr mit den Augen zu als mit den Ohren, mit Augen, die zwei großen unbeweglichen Perlen gleichen. Dabei sitzt sie aufrecht da, ohne die geringste Bewegung. Manchmal liegt vor dem Sturm alles in unbeweglicher Ruhe. Vor den heftigen Gewittern hält die Natur den Atem an, kein einziger Hauch mehr.

3. Juli
Eine Gruppe von Finnländern in meinem Zimmer. Alle evangelisch.

Sie haben ihr Land von Süden nach Norden durchzogen, um Beziehungen mit den jungen Menschen zu knüpfen, die dort das Konzil der Jugend vorbereiten. Kern der Gruppe ist ein Ehepaar.

Er, Taisto, schweigsam, blond, kraftvoll, ein echter Vertreter der Menschen des hohen Nordens, läßt das Wort seiner Frau Anna-Maija, einer Dichterin und Schriftstellerin von einer überströmenden Lebenskraft. Von Zeit zu Zeit ergänzt er, was sie sagt. Auf einem Atlas zeigen sie mir die Orte, wo Treffen von Jugendlichen stattfinden. Einige dieser Orte liegen an den Ufern des Inarisees, nördlich vom Polarkreis. Das Wort zaubert die Mitternachtssonne in unseren Blick. Wie in einem flüchtigen Blitz werden Düfte der Wildnis und kümmerliche Rentierflechte gegenwärtig.

4. Juli
Ein Abend mit meiner Familie. Nach einer Zeit fortschreitenden Kräfteschwundes ist meine Mutter lebendiger denn je. Paul, ihr Enkel, hat ihr Blumen gebracht, die er heute morgen in der Nähe ihres Geburtshauses 200 km von hier gepflückt hat. Sie fängt an, von nie berichteten Erinnerungen ihrer Kindheit zu erzählen; ein Lied ihrer Jugend, das seitdem nie wieder gesungen worden war. Ihr Gesicht strahlt die unendliche Würde aus, die ein langes Leben verleiht, und eine poetische Freude.

5. Juli
Den ganzen Vormittag hindurch ist ein schwerer Regen gefallen. Der mit Wasser getränkte Garten läßt eine ganze Symphonie von Farben hervorbrechen. Es war mir nicht genug, durch die Fenster den Regen fallen zu sehen. Sobald ich die Arbeit einen Augenblick unterbrechen konnte, lief ich hinaus unter das Vordach, um dem unablässigen Rauschen des Regens auf dem Dach zu lauschen. Ganz in der Nähe des Hauses wurde ein Regenschirm geöffnet, und eine Stimme nörgelte: „Was für ein elendes Wetter!" Kann der Mensch die Schönheit so weit verfehlen?

Jedem Alter wird eine andere Harmonie gegeben. Warum den körperlichen Verfall fürchten, da doch die Jahre einen inneren Blick mit sich bringen, die Sanftheit eines Hauchs? Sollte es das Wehen des Heiligen Geistes sein? Sollte sie das sein, die Seele des Menschen: der verborgene Pulsschlag eines unbeschreibbaren Glückes?

Ein Tag ist erfüllt, wenn er verkürzt ein ganzes Leben widerspiegelt. Jeder Augenblick eines Tages hat seine eigene Besonderheit. Das Staunen wiederfinden für die tausendvierhundertvierzig Minuten jedes Tages. Das Staunen wiederfinden für die beiden kleinen Steine, die Marc mir vor Jahren geschenkt hat. Der kleinere ist ganz abgeplattet, hat eine düstere Farbe und zarte Streifen. In der Mitte zeichnet sich ein Kreis ab.

Jeder Tag kann Enttäuschungen kennen, Aggressionen, bitteren Geschmack. So viele Fallen, in denen das Staunen sich verfängt.

Jeder Tag kennt vor allem die Erwartung seiner Wiederkunft.

Ein Tag ist erfüllt, ist weit, wenn auch das Härteste den Hauch der Fülle nicht aufzuhalten vermag.

6. Juli

Ein junges Mädchen schreibt mir von ihrer Verzweiflung darüber, daß ein Freund mit ihr gebrochen hat: „Obgleich der Abbruch dieser Freundschaft mich zerreißt, kann ich ihm doch nicht böse sein. Alle meine Beziehungen – und ich habe wirklich viele – können nicht verhindern, daß ich die ganze Tragik menschlicher Einsamkeit erfahre. Selten habe ich sie so tief empfunden. Nur der andere kann uns Frieden geben."

Die Wurzeln ihrer Verzweiflung liegen weit zurück in der Vergangenheit, in der Gefühllosigkeit eines Vaters, der sie vielleicht nie geliebt hat – sie wenigstens empfindet es so.

7. Juli

Heute geht Patriarch Athenagoras in das ewige Leben ein. Mit ihm verschwindet ein Mensch von derselben prophetischen Eingebung wie Johannes XXIII.

In seinen letzten Jahren sind ihm Prüfungen nicht erspart geblieben. Er hat begriffen, welche Wandlungen im Volk Gottes notwendig sind, aber die Situation zwang ihn, seine besten Intuitionen für sich zu behalten. Dennoch blieb er Optimist. „Wenn ich am Abend wieder in mein Zimmer zurückkomme", sagte er eines Tages zu mir, „so lasse ich meine Sorgen draußen vor der Tür und sage: morgen!"

Unvergeßlich bleibt mir, was er vor zwei Jahren anläßlich meines letzten Besuches in Istanbul zweimal zu mir gesagt hat: ‚‚‚Ich möchte Ihnen etwas bekennen: Sie sind Priester, ich könnte aus Ihrer Hand den Leib und das Blut Christi empfangen.' Und am nächsten Tag: ‚Ich könnte bei Ihnen beichten.'" Beim Abschied blieb er in der offenen Tür stehen, hob die Hände hoch, als erhebe er den Kelch, und sagte noch: „Der Kelch und das Brotbrechen, eine andere Lösung gibt es nicht. Denken Sie daran."

Auch eine Wallfahrt mit ihm in einem Auto rings um Istanbul anläßlich eines früheren Besuches zusammen mit Max hat sich mir eingeprägt. Jedes Mal, wenn der Wagen an einer Stelle vorbeifuhr, wo ein Christ für Christus gestorben ist, ließ er das Tempo verlangsamen oder den Wagen anhalten. Wir machten das Zeichen des Kreuzes.

11. Juli
Den Zeitungsmeldungen nach kann man hoffen, daß es in drei Wochen in Vietnam zu einem Frieden kommen wird. Dieser Alpdruck von Kriegsbrand wird also aufhören. Wäre ich versucht, diese Tragödie zu vergessen – die Augen der beiden gegenwärtig in Taizé weilenden Vietnamesen würden sie mir täglich ins Bewußtsein rufen. In ihrem Blick kann man deutlich lesen, was die Ihren durchmachen.

15. Juli
Das Wesentliche bleibt unseren Augen verborgen... Und das vermehrt noch unsere Sehnsucht, zur einzigen Wirklichkeit vorzudringen.

Sollte sich aus den Überlegungen dieser Tage das Motto für mein nächstes Buch ergeben?...

Das Wesentliche
bleibt unseren Augen verborgen

Ein Mensch, der betet, hat einen Bezugspunkt. Dieser unsichtbare und verborgene Pol zieht ihn vorwärts. Oft wird es nur ein Vorantappen sein, aber das Ziel, auf das er blickt, erfüllt ihn und treibt ihn weiter.

Nach und nach entdeckt er, daß er dafür geschaffen ist, von einem andern als von sich selbst bewohnt zu sein. Wenn er auf das hört, was im Innersten seines Herzens vor sich geht, wird er seiner Einmaligkeit gewahr. In seinem armseligen Gebet bis in die Tiefen seiner Wurzeln angerührt, wird er ein anderer für die anderen.

EIN LEBEN, DAS NICHT AUS UNS SELBER KOMMT

Das Gebet ist Kampf und Hingabe zugleich. Es ist auch Warten – Warten darauf, daß sich ein Durchgang zeigt, Warten darauf, daß die Mauer der inneren Widerstände zusammenfällt. Ganz wie wir hat auch Christus in seinem irdischen Le-

ben diese Geduld in brennendem Verlangen gekannt.

Das Gebet hat auch etwas Erschreckendes. Es schleudert uns aus uns selbst heraus und anderswo hinein. Auch wenn man Christus im Nächsten erkennt und er immer in unserm Innern lebt – er ist doch gleichzeitig außerhalb, unser Gegenüber.

Das Gebet ist immer armselig, denn es wird von uns, unnütze Knechte bis zum Schluß, gelebt. Immer wird es den Menschen überschreiten. Worte sind unfähig, es zu beschreiben.

Im Gebet gibt es etwas wie ein Darüberhinaus von allem, was wir sind, ein Darüberhinaus von unseren eigenen Worten.

Uns allen ist die zusammenhängende Logik der Sprache so wichtig. Darum ist es verständlich, wenn viele zunächst eine Art von Abneigung oder Angst davor empfinden, sich auf dieses schwankende Gelände zu oegeben, wo sich alles im Unbeschreiblichen abzuspielen scheint.

So war es in der Geschichte der Christenheit von Anfang an: „Wir wissen nicht, wie wir beten sollen, aber der Heilige Geist kommt unserem Unvermögen zu Hilfe und betet in uns."

Bleibt das Gebet auch in seinem Grund die Jahrhunderte hindurch unverändert, nimmt es doch im Laufe der Geschichte bzw. je nach den augenblicklichen Gegebenheiten unseres Lebens verschiedene Formen an.

Es gibt Menschen, die ganz ohne Worte beten; alles vollzieht sich in einer großen Stille.

Andere brauchen viele Worte. Im 16. Jahrhundert schrieb eine mutige, realistische Frau, die heilige Teresa von Ávila: „Wenn ich mit dem Herrn spreche, weiß ich oft nicht, was ich sage. Es ist die Liebe, die spricht. Und die Seele ist dabei so außer sich, daß ich den Unterschied, der zwischen ihr und Gott besteht, gar nicht mehr wahrnehme. Die Liebe vergißt sich selbst und sagt Torheiten."

Andere finden in der Liturgie oder in einem gemeinsamen Gebet die Freude des Himmels auf Erden, eine Erfüllung...

Wieder andere wiederholen unaufhörlich einige Worte, die sie zu stammeln gelernt haben. Durch dieses Gebet der Wiederholung, das Gebet der Armen, die wir alle sind, stellt sich in ihnen die Einheit der Person her. Sie wiederholen den demütigen Gruß, mit dem Elisabeth Maria willkommen hieß: „Gegrüßet seist du, Maria..." Manchmal sind das die einzigen Worte, die sie finden, wenn menschliches Elend sie unversehens ergreift. Oder sie murmeln hörbar oder unhörbar im Rhythmus ihres Atems das Namen-Jesu-Gebet. Scheinbar entbehrt diese endlose Wiederholung der gleichen Worte jeder Spontaneität. Aber nach langem Warten brechen innerlich Quellen auf, Fülle verströmt sich: Gegenwart des Heiligen Geistes, der aufrüttelt.

Es gibt auch Menschen, die sozusagen nie die

fühlbare Resonanz einer Gegenwart in sich spüren. Sie bleiben ihr ganzes Leben lang im Zustand der Erwartung, und das steigert noch die Leidenschaft ihrer Suche. Für sie ist Kontemplation ein Kampf, kein Überströmen aus unmittelbarer Fülle, kein spontanes Verströmen in Christus.

Es gibt viele Wege des Gebetes. Manche Menschen gehen nur einen einzigen, andere gehen alle. Es gibt Augenblicke lebendiger Gewißheit: Christus ist da, er spricht in unserem Inneren. Aber es gibt andere Augenblicke, da er der Schweigende ist, ein ferner Unbekannter ... Im Gebet gibt es keine Bevorzugten.

Für alle bleibt das Gebet in seinen unendlichen Abwandlungen ein Durchgang zu einem Leben, das nicht aus uns selber kommt, sondern anderswoher.

DER BLICK EINES ANDEREN

Wodurch unterscheidet sich ein Mensch, der sein ganzes Leben auf die Herausforderung des Gebets gründet, von einem anderen, der sich nicht darum kümmert? Äußerlich durch nichts. Er steht morgens auf, geht umher und ißt wie alle anderen auch. Der Unterschied liegt im Innern. Für ihn bedeutet die Herausforderung des Gebets eine Schöpfung, die wesentlicher ist, als die Ereignisse seiner eigenen Geschichte.

Welch ein Hohn ein Gebet, das sich nach der Nützlichkeit richtet! Es würde zur Projektion des eigenen Ichs, ja sogar zu einem Feilschen mit Gott.

Mag es sich um friedvolle Kontemplation handeln oder um inneren Kampf, immer führt das Gebet dahin, mit der Einfalt eines Kindes alles anheimzustellen.

Aus dem beharrlichen Gebet schöpft der Mensch dann Kraft für andere Kämpfe: um den Seinen das Überleben zu sichern, um die gesellschaftlichen Strukturen umzuwandeln... Denn wer betet, flieht keineswegs Ereignisse und Menschen, sondern betrachtet sie mit einem Blick, der ihm von einem andern kommt.

Wenn der Mensch verzweifelt sich selber sucht, wenn er den Blick nicht vom eigenen Ich löst, dann reißt ihn der Hochmut des Lebens mit seinem ganzen Gefolge von Strebertum, Karriererennen und Erfolgsdünkel mit sich fort. Gibt er dagegen dem Blick eines andern in sich Raum, dann zählt nur mehr die alleinige Wirklichkeit.

Alles liegt in dem Blick beschlossen, den wir auf uns selber, auf die andern und auf die Ereignisse richten. Das reicht so weit, daß fast alles, was uns geschieht, aus uns selber herrührt. Entweder ist der Hochmut des Lebens Triebkraft unseres Daseins, und es zählt nur die Herrschaft, die wir mit oder auch ohne Geld über Geschöpfe und Dinge ausüben, oder der Blick Christi tritt an die Stelle un-

seres eigenen Blicks. Dann öffnet sich der Weg zur
Hingabe des Lebens.

DIE TORE DES LOBPREISES

*Einer, der mir nahesteht, breitete einmal vor mir
seine innere Auseinandersetzung aus:*

*„Ich habe die Versuchung der Selbstanalyse mit
all ihren Fragezeichen, mit ihrem unablässigen:
wer bist du, ihrem unaufhörlichen: warum?, kennengelernt. Solche Fragen führen manchmal zu
Eitelkeit, öfter aber zu Traurigkeit, zu Scham, die
bis zur Selbstverachtung gehen kann. Ich grub also
die Erde, die ich selbst bin, um, ich bearbeitete sie,
ich bemühte mich, sie immer schöner zu machen,
bis ich schließlich die Schönheit der Erde zu einem
Ziel an sich gemacht und dabei vergessen hatte,
daß das Ziel darin besteht, den Samen des Evangeliums in diese Erde zu säen.*

*Wohl kannte ich das Wort des Isaias: Du wirst
deine Tore ‚Lobpreis‘ nennen. Ich aber nannte
meine Tore introvertierte Selbstbeschauung,
Angst, Skrupel. Ich hatte auf meine Tore geschrieben: Ich verdiene nicht, dein Sohn genannt zu
werden. Es waren zu eng geratene Tore, sie öffne-
ten sich nicht nach außen, sondern nach innen, auf
die eigenen Untiefen hin.*

*Von nun an werde ich meine Tore ‚Lobpreis‘
nennen. Es sind Tore, die sich weit nach außen öff-*

nen hin zu dem, der jenseits der Dinge und meiner selbst ist."

Welche Verheerungen werden angerichtet, wenn sich ein Mensch in Selbstbeschauung und Analyse in sich selber zusammenkrümmt. Wer wird ihm die Tore des Lobpreises öffnen?

Miguel Hernández hat gleichsam ein Geheimnis enthüllt, als er kurz vor seinem Tod als politischer Häftling in einem andalusischen Gefängnis 1943 schrieb:

> *„Brich in mir, o Liebe, die Tore der vollkommenen Wunde auf;*
> *Brich auf, auf daß alle bösen Schrecken entweichen;*
> *Brich auf, denn siehe, das Wehen deines Wortes kommt."*

Durch die Tore des Lobpreises werden die tödlichen Schrecken und auch die nie endenden Gesänge hervortreten. Gott wird selbst den psychischen Verletzungen seine Spur eindrücken. Aus ihnen werden nicht mehr Qualen wachsen, sondern Kraft für Gemeinschaft.

Wer sich ein Dasein ohne Widersprüche, ohne schmerzliche Zusammenstöße, ohne Gegnerschaft, ohne Kritik wünscht, verfällt in engelhafte Sanftmut. Angesichts der Erschütterungen in uns selber, in der Kirche oder in der Gesellschaft stehen uns zwei Wege offen:

Entweder Schmerzen und Ängste münden in Selbstmitleid und Bitterkeit; stöhnend erstarrt der

Mensch unter der zermalmenden Last, und alles ist verloren.

Oder aber Schmerzen und Traurigkeit strömen über in den Lobpreis seiner Liebe. Er entreißt den Menschen der Passivität und gibt ihm die Kraft, allen Geschehnissen gerade ins Gesicht zu schauen.

19. Juli
Die letzten Ährenfelder dörren unter der Glut der Sonne, die im Zenit steht. Alles bereitet das Fest der Sommernächte vor. Die langen, schillernden Libellen verbergen sich noch im Ahornlaub, aber sie sind bereit, zu zügellosem Tanz herauszukommen.

Die Vögel schweigen. Das einzige vernehmbare Geräusch kommt von den Motoren der ununterbrochen arbeitenden Mühle an der Grosne. Die Scheinwerfer des Lastwagens der Mühle durchbohren die Finsternis.

21. Juli
Besuch Dom Fragosos. Klein wie die Bauern seiner Gegend, besitzt er alle Überzeugungskraft der Bewohner Nordbrasiliens.

Dieser Bischof spricht eine deutliche Sprache. Radikal äußert er sich über die europäische Hilfe an die lateinamerikanischen Länder. Mag sie noch so großzügig sein, für ihn bleibt sie Ausdruck einer Abhängigkeit der Länder der südlichen Hemisphäre. Die Entsendung europäischer Fachleute macht die Dinge zu leicht für Lateinamerika. Besser wäre es, Einheimische in größerer Zahl auszubilden. Seiner Meinung nach gilt das auch für die Kirche: es ist für einen Bischof leichter, ausländische Priester anzufordern, als an Ort und Stelle Priester auszubilden. Doch räumt er ein, daß einzelne Ausländer, die sich gut an lateinamerikanische Verhältnisse angepaßt haben, dort eine Aufgabe als Vorläufer erfüllen können, sofern sie wie Johannes der Täufer bereit sind, selbst abzunehmen, damit jene wachsen können, die im Land geboren sind.

22. Juli

X. war gezwungen, das Land, in dem er lebte, zu verlassen. Dieser erzwungene Abschied hat ihn geprägt; noch steht der Schrecken über die Ereignisse, die er gesehen hat, in seinen Augen.

„Ich habe gesehen, wie man zwei meiner Freunde, zwei afrikanische Priester, mit Handschellen abgeführt hat", sagte er.

„Als man sie zur Hinrichtung führte, baten sie, man möge ihnen die Fesseln abnehmen, damit sie die Befreiung der Vergebung verkünden und den andern Verurteilten die Absolution erteilen könnten. Dann begannen sie zu singen und fielen unter den Kugeln ihrer Mitbürger."

Als er mich verließ, sagte er: „Beten Sie, und tun Sie etwas. Die dort sind allein. Die Öffentlichkeit weiß davon noch nichts!"

23. Juli

Unter den vielen, denen ich heute morgen begegnete, war eine junge Mutter; es fiel ihr schwer, vom Tod ihres einzigen Sohnes, des zehnjährigen Peters, zu sprechen. Es verschlug mir den Atem, aber ich versuchte, ihr ein paar Worte zu sagen: „Sie sind jung, ich werde vor Ihnen in die Ewigkeit Gottes eingehen. Dann werde ich mit Peter sprechen, das verspreche ich Ihnen. Und jetzt, in diesem Augenblick, weiß Peter, daß wir hier sind."

Weine, Seele meiner Seele, über die Not so vieler Menschen, denen ich heute begegnet bin. Er hat es übernommen, den Weg zu bahnen. Mein Fuß stolpert auf dem steinigen Pfad ... Dennoch, wage, weiterzugehen, ohne zurückzuschauen, geh weiter auf das Staunen, auf das Ungeahnte zu.

Und wenn die Freude Gottes im Menschen der letzte Sinn des Lebens wäre?

24. Juli

Die Marienikone über meinem Kamin in der Abenddämmerung. Im gedämpften Licht einer kleinen Lampe zeichnen sich die Umrisse der Jungfrau mit dem Kind ab.

Seit Athenagoras' Tod hat diese Ikone eine neue Bedeutung bekommen. Ich sehe den Patriarchen von Konstantinopel vor mir, wie er darauf besteht, daß wir – Max und ich – in seiner Kathedrale eine Ikone für Taizé auswählen. In unserer Verlegenheit dieser Geste nahmen wir jene, die im schlechtesten Zustand war, später würden wir sie restaurieren lassen.

Eine kaum erleuchtete Ikone! In der Nacht jedes Christen beleuchtet ein Licht die Umrisse von Geschöpfen und Dingen, und die Nacht brennt von nie verlöschendem Feuer.

31. Juli

Mittagessen mit jungen Afrikanern. Die Improvisation hat uns einen Streich gespielt. Zwar macht es das Leben ungezwungener, wenn man die Dinge nicht zu sehr im voraus organisiert, aber man muß dann auch die Folgen tragen. Man hatte zwar die Platten zur Verlängerung des Tisches eingesetzt, aber das als Tischtuch verwendete Laken war ungebügelt und das Essen mager. Der Schinken dünn wie Zigarettenpapier! In der Küche gab es nichts als Brot, um die Körbe zu füllen!

2. August

Die Ereignisse in China ... In den letzten 20 Jahren habe ich mit wahrer Leidenschaft viele Bücher und Artikel über dieses Land gelesen. Die Grausamkeit der politischen Stürme, denen diese Nation seit Jahrhunderten ausgesetzt ist, macht dieses Volk noch fesselnder. Werden die neuen Möglichkeiten zu Kommunikation und menschlicher Beziehung den Schleier lüften, der jedes Mal wieder herunterfällt?

23. August
Ich lege die Feder nieder, um einen jungen Gewerkschafter aus der Metallindustrie zu empfangen. Zwei Worte treten in unserer Unterredung deutlich hervor: Kampf und Kontemplation. Zwischen diesen beiden Polen verwirklicht sich, was das politische Engagement eines Christen fordert. Mit dem ganzen Feuer, das ihn verzehrt, berichtet er mir von seinem Kampf um die Befreiung des Menschen von jeglicher Form der Unterdrückung, wie sie ja nicht nur von den Wirtschaftsmächten, sondern manchmal auch von den etablierten gewerkschaftlichen Institutionen ausgeübt wird. Er ist überzeugt, daß gerade inmitten der Menschen, die einer besonders haltlosen Ausbeutung unterworfen sind, kontemplative Menschen gebraucht werden, die vor allem aus der Liebe Christi leben.

2. September
Das Licht der untergehenden Sonne vergoldet einen Herbststrauß, der seit gestern in der Ecke des Zimmers steht und den Blick mitten aus der Arbeit immer wieder zu sich hinzieht.

5. September
Das Blutbad von München. Ein junger Ordensmann, der uns auf der Durchreise besucht, macht folgende Bemerkung: In München haben die Palästinenser ihre Karten gut gespielt! Einer meiner Brüder – auch er ist jung – fragt ihn: Können wir

wirklich zu einem Mord stehen, gleich wer der Mörder sein mag? Der junge Ordensmann tat es ohne Zögern.

28. September
Besuch Pablo Canos und seiner Frau. Ganz Andalusien liegt in den beiden Gesichtern. Sprechende Augen. Ihre Tochter Adelaïda heiratet, und sie kommen mich zu bitten, ich möge nach der Trauungsmesse einige Worte an die Familie richten und den Segen spenden. Bei uns, sagen sie, gibt immer der Familienälteste den Segen, und hier sind Sie unsere Familie.

29. September
Einstündiger Spaziergang mit einem jungen Togolesen. Auf dem Rückweg treten wir in den winzigen Gebetsraum der Schwestern von Ameugny ein. Wir wollten nur ein paar Augenblicke bleiben, aber sie bestehen darauf, daß wir hereinkommen.

So befinden wir uns also in dem Zimmer mit dem Kamin. Die beiden nach Westen gehenden Fenster lenken den Blick auf aschgraue Wolken, die von einer ins Rötliche spielenden Kugel Leben empfangen. Am Boden liegt eine große Bibel.

Ich schlage dem jungen Togolesen vor, uns daraus das folgende Gebet eines alten Gläubigen aus dem Alten Testament vorzulesen:

„Herr, ich bitte dich um zwei Dinge, verweigere sie mir nicht, bevor ich sterbe. Halte die Falschheit und Lüge von mir fern. Und schenke mir weder Armut noch Reichtum. Gib mir meinen Anteil am täglichen Brot. Im Überfluß könnte ich dich verraten und sagen: Gott gibt es nicht. In der Not könnte ich den Namen Gottes entstellen und erniedrigen."

7. Oktober
Marseille. Wir waren in die Krypta der St.-Viktors-Kirche hinabgestiegen, um zu beten. An diesem Ort versammeln sich die Christen seit dem 3. Jahrhundert. Als wir aus der Krypta heraufkamen, fand gerade eine Trauungsfeier statt. Zwei junge Afrikaner. Sie ist ganz in Schleier und Spitzen gehüllt. Der Priester fordert die wenigen Anwesenden auf, den Vermählten den Friedenskuß zu geben. Ich trete zu ihnen und sage ihnen, daß ich sie im Namen ihrer Eltern umarme. Sie nennen mir ihre Vornamen: Marie-Claude und Alex.

9. Oktober
Je mehr die Jahre vergehen, desto näher stehen mir die Eltern meiner Brüder. Anthonys Vater und Mutter sind hier. Ich sehe sie unter den Bäumen vorbeigehen. Unverzüglich verabschiede ich mich von dem jungen Paar, mit dem ich mich unterhielt, um zu ihnen zu eilen. Ich umarme sie spontan, wobei ich ganz vergesse, daß das in England nicht Brauch ist. Wir gehen in mein Zimmer. Die Unterhaltung übertrifft meine Erwartungen. Da An-

thony ihr einziger Sohn ist, hätte ich ihnen am Schluß gerne gesagt, daß wir immer für sie da sein werden, was das Leben auch bringen mag. Aber ich habe nicht gewagt, es auszusprechen.

25. Oktober
Pfarrer Buisson mit seinen 86 Jahren ist zu uns gekommen. Wir hatten vereinbart, daß er in unser Haus einziehen würde, sobald er nicht mehr allein leben kann. Er ist entkräftet und verbringt seine Tage in unserem Gemeinschaftsraum am Kaminfeuer. Er hat innerlich sehr viel gekämpft. An ihm kann man leicht das Unersetzliche an Menschen seines Schlages erkennen.

Dieser an Erfahrung so reiche Mensch bringt mir die Worte in Erinnerung, die Daniels alte Mutter vor ihrem Tod an ihre Kinder geschrieben hat:

„Seid nicht traurig über meinen Hingang, sondern laßt Euch ganz von Dankbarkeit erfüllen für alles, was Gott Euch Tag für Tag schenkt. Schaut auf das, was geht."

5. November
Mit Dom Hélder Câmara in Florenz. Wir sprechen zweimal: einmal auf einem Platz, dann während einer Messe im Stadion. Ich habe lange gearbeitet, um auf Italienisch sagen zu können, was ich vorbereitet hatte.

Jedes Auftreten dieser Art fällt mir schwer.

Darum hatte ich zunächst abgelehnt. Aber die Gelegenheit, mich über den Gebrauch des Geldes in der Kirche zu äußern, hat mich bewogen, meine Absage zurückzunehmen. Die Überwindung liegt nicht im Sprechen, sondern in der Massenkundgebung, in diesem ganzen Lärm einer Menge.

Elf Jahre Freundschaft mit Dom Hélder! Je besser wir uns kennen, desto mehr werden wir in unseren Begegnungen zu Kindern!

Von meinem Zimmer aus sehe ich den Dom. Ich hatte ihn noch nie bei Nacht gesehen in seiner gedämpften Beleuchtung. Die Scheinwerfer umschmeicheln dieses prunkvolle Bauwerk und hüllen es in eine große graue Dunstwolke, in die Weihrauchwolke der Weisen aus dem Morgenland.

7. November
Auf dem Rückweg von Florenz Aufenthalt in Romainmôtier, um die neue Orgel der Kirche zu hören. Vom Pastor, einem langjährigen Freund, brüderlich aufgenommen. Ein Festessen in seinem Haus. Er und seine Frau achten sorgfältigst auf jede Einzelheit, und diese Sprache eines Ehepaars sagt noch mehr als ihre Worte. Der Stein, aus dem die Kirche gebaut ist, glänzt in einem durch Nebel gedämpften Licht. Die Musik macht die Fülle, die in Gott ist, zugänglicher. Als seien die Himmel aufgerissen, um einige Noten des Unsichtbaren hören zu lassen.

11. November
Ein funkelndes Licht beleuchtet die über den Brunnen rankende Kapuzinerkresse. Milde Novemberluft. Die Leute sagen: „Es gibt keine Jahreszeiten mehr." Und wirklich, daß die Rosen noch in Blüte stehen, stimmt nachdenklich.

20. November
Zurück von zwei Tagen in London. Treffen in einem Armenviertel mit jungen Leuten, die mit einigen ihrer Pfarrer aus allen Teilen Englands gekommen sind. Die Versammlung geht mit einem öffentlichen Gottesdienst in der anglikanischen St.-Pauls-Kathedrale zu Ende. Die jungen Leute, die in dieser ehrwürdigen Kirche auf ihren Mänteln oder Decken auf dem Boden sitzen, um mit einem kleinen Licht in der Hand die Auferstehung zu feiern, bieten wirklich keinen alltäglichen Anblick!

Gespräch mit dem Erzbischof von Canterbury. Er ist ein schöpferischer Mensch. Viele Jugendliche freuen sich darüber, daß er nächstes Jahr nach Taizé kommen wird. Wir erwarten uns von ihm ein prophetisches Wort.

1. Dezember
Abreise nach Rom. An diesem ersten Dezembertag ist das Morgenlicht so intensiv, daß die Linden einen deutlichen Schatten über das grün ge-

bliebene Gras werfen. Die letzten Rosen leuchten.

Diesen Himmel verlassen...

2. Dezember
Erster Abend in Rom. Spaziergang auf der Piazza Navona, deren Oval von den Buden der Straßenhändler eingefaßt ist. Am Stand mit Stoffpuppen wähle ich eine aus als Geschenk für ein Kind. Sie hat ein rotes Mieder, ein plattes lustiges Gesicht und lange, herunterbaumelnde Beine. Überraschung beim jungen Händler, der sie verkauft: im Sommer dieses Jahres haben wir uns in Taizé getroffen.

9. Dezember
Gestern abend um 20 Uhr Gespräch mit dem Papst. Paul VI. hat den Bericht, in dem ich versuche, einige für das Bewußtsein unserer Zeit charakteristische Strömungen zu analysieren, aufmerksam gelesen. Meine Frage lautet: Wie diese Strömungen nicht zurückweisen, sondern aufgreifen? Oder in der Sprache des Evangeliums: Wie nicht verwerfen, sondern erfüllen?

Nach unserem Gespräch sind wir in die Kapelle gegangen zu einem einfachen Gebet und für einen Augenblick der Stille. „Ich weiß, Sie lieben die Stille in Taizé", sagte der Papst.

Dann setzen wir das Gespräch bei Tisch während der Mahlzeit fort. Die außerordentliche Fähigkeit des Papstes, in die Problematik der Jugend einzudringen, läßt mein Herz vor Freude überströmen. Beim Abschied sagt er nachdrücklich: „Wenn Sie den Schlüssel zum Verständnis der Jugend haben, sagen Sie es mir."

Ich wünschte, ich hätte diesen Schlüssel, aber ich weiß, daß ich ihn nicht habe und nie haben werde.

24. Januar 1973
Der Tag erlischt über der umgegrabenen Erde des Gartens. Sechs Uhr abends. In wenigen Minuten wird die Eule anfangen, in vielen langgezogenen Tönen nach ihrer Artgenossin zu rufen. Grégoire kommt in mein Zimmer für ein kurzes Gespräch. Die Nacht bricht herein. Die beiden Fenster von Yans Zimmer leuchten wie zwei blasse Augen.

28. Januar
Paris. Gebetsnacht in der St.-Ignatius-Kirche. Wer die Improvisation liebt, ist auf seine Rechnung gekommen. Die Kirche war zur festgesetzten Stunde so voll, daß man den jungen Leuten, die auf der Straße draußen geblieben waren, vorschlagen mußte, später wiederzukommen, wenn andere schon weggegangen sein würden.

Heute früh strahlte der Pariser Himmel Lebensfreude aus. Zu viert überquerten wir auf dem Pont des Arts die Seine, bevor wir zu den Gärten der Tuilerien gelangten. Der Arc de Triomphe und die Wolkenkratzer der Défense erschließen dem Blick eine ungeahnt weite Perspektive. Genau das suchten wir heute morgen: die einander ablösenden Konzeptionen durch die Arbeit der Menschen von Jahrhundert zu Jahrhundert miteinander in Einklang gebracht.

21. Februar
Der Bürgermeister eines benachbarten Dorfes hat einen meiner Brüder angerufen. Eine kinderlose Witwe ist gestorben. Als der Notar ihr Testament öffnete, stellte sich heraus, daß sie ihr Haus und ihren Grundbesitz unserer Communauté vermacht hat. Unverzüglich schreiben wir, daß wir diese Erbschaft nicht annehmen, wie die Communauté immer alle Geschenke abgelehnt hat.

27. Februar
Bei seiner Generalaudienz am letzten Mittwoch hat Paul VI. auf das angespielt, was wir leben. Er kam auf die Jugend zu sprechen und wies darauf hin, daß viele Jugendliche in Taizé die Stille suchen.

2. März
Bei der Post ein Brief von einer Frau, die mir für das Buch „Ein Fest ohne Ende" dankt. Eine schwerkranke Mutter von drei noch nicht erwachsenen Kindern. Wenn die Ihren nach der Besuchs-

stunde gegangen sind, liest sie, um ihre Ängste zu beschwichtigen. Zum Schluß schreibt sie:

„Heute sind meine Kinder gekommen und haben zu mir gesagt: Da ist ein Stück Frühling für dich. Die Kleinste versteckte sich hinter einem Forsythienzweig. Ich schicke Ihnen ein Zweiglein davon im voraus zu Ihrem Geburtstag, denn wenn er da sein wird, werde ich sicher schon bei dem Fest sein, das kein Ende hat."

4. März
Heute früh in der Kirche am Ende einer Reihe von Leuten, die mit mir sprachen, kam ein kleines Mädchen und fragte mich: „Können Sie mich beichten lehren?" Eine Last liegt auf den schwachen Schultern dieses Kindes. Wie kann sie mit ihren acht Jahren schon dermaßen von Ängsten bedrückt sein? „Wer kann uns verurteilen, wenn Jesus für uns betet?" Dieses Wort möchte ich für die Predigt am Ostermorgen meditieren.

Wer kann uns verurteilen?

„Wer kann uns verurteilen, wenn Jesus für uns betet?" Wenn ich im Gespräch unter vier Augen jungen Menschen zuhöre, frage ich mich oft, woher bei ihnen dieses Gefühl kommt, verurteilt zu sein, der Druck eines Schuldgefühls, das mit Sünde nichts zu tun hat. Sünde besteht im Bruch mit Jesus, darin, daß man den anderen für sich selbst ausnutzt, daß man ihn zu seinem Opfer macht.

Jeder Mensch trägt sämtliche Neigungen der Menschheit in sich, zum Besten wie zum Schlimmsten, aber darin liegt die Sünde nicht. Ja, mehr oder weniger ausgeprägt existieren in jedem menschlichen Wesen sämtliche Neigungen ohne Ausnahme nebeneinander: der Hang zur Großmut wie zum Mord, der Wunsch, den eigenen Vater oder die eigene Mutter, den Bruder oder den Freund zu töten, alle affektiven Neigungen, Liebe und Haß, all das in einem einzigen Wesen.

Wenn nun junge Menschen sich selber entdecken, ohne jemanden zu haben, der ihnen zuhört, kann es manchmal dazu kommen, daß sie sich für kleine Ungeheuer halten und dadurch bis zur

Selbstzerstörung, im äußersten Fall zum Selbstmord getrieben werden.

Wer kann uns verurteilen? Die Normen der Gesellschaft? Zu allen Zeiten haben die Gesellschaften Gesetze zu ihrer Verteidigung geschaffen und Schuldbestände festgelegt, um den Menschen mit Hilfe von festumrissenen Normen in eine Form zu zwingen, eine Form der Normalität.

So wird zum Beispiel in der Zeit vor Christus in dem kleinen, in seinem Fortbestand bedrohten Volk Israel die unfruchtbare Frau geächtet. Weil sie keine Kinder zur Welt bringt, entspricht sie nicht dem Gesetz der Normalität und fällt der Verachtung anheim.

Aber für das Evangelium gibt es weder „normal" noch „anomal". Es gibt einfach Menschen nach dem Bilde Gottes. Das Evangelium kennt nur eine Norm: Ihn, den Menschen schlechthin, Christus.

Wenn wir uns trotz unserer inneren Widersprüche jeden Tag von neuem aufmachen, um zu Christus zu gehen, dann nicht im Hinblick auf eine beliebige Normalität, sondern mit dem letzten Ziel, eine Hoffnung zu leben, die alles Erreichbare zu übersteigen scheint: uns dem Bilde Jesu gleichgestalten zu lassen.

Wer könnte uns noch verurteilen, da doch Christus auferstanden ist? Er verurteilt niemanden, er straft niemals.

Wer könnte uns verurteilen? Er betet in uns und bietet uns die Befreiung der Vergebung an. Wir unsrerseits werden zu Befreiern, indem wir niemanden verurteilen. Und selbst im Kampf um die Befreiung der Menschen werden wir nicht in der Nachhut stehen: Sollte der Christ berufen sein, nach dem Vorbild mancher Guerilleros zu leben, die sich nicht scheuen, die ganze Nacht schweigend vor dem Tabernakel zu knien?

Wer könnte uns verurteilen? Auch wenn unser Herz uns verurteilt, Gott ist größer als unser Herz.

7. März
Gespräch über den Sinn der Fastenzeit mit einem jungen Pastor, der hier für ein paar Tage Retraite macht. Fastenzeit: vierzig Tage, die dem Menschen gegeben sind, um über eine Liebe zu staunen, die alles Begreifbare übersteigt.

Gibt es für den Christen heute ein anderes Verhalten als das, dessen Namen man sich scheut, niederzuschreiben: Heiligkeit? Ich wage nicht, die jungen Menschen dazu aufzurufen aus Furcht, zu viele Ältere möchten eine so leuchtende Flamme auslöschen.

17. April
Gespräch mit zwei Jugendlichen bei der Marienikone.

Sie haben sich für den Priesterberuf vorbereitet, zögern aber, den letzten Schritt zu tun. Sie wissen, daß die Widersprüche, die jedem Menschen innewohnen, aber auch die großen Wandlungen unserer Zeit und alles, was gegen den Priesterberuf spricht, dem „Zeuge-Sein" heute seine ursprüngliche Bedeutung zurückgegeben haben, nämlich „Märtyrer-Sein".

18. April
Ich bin um fünf Uhr aufgewacht und gehe in den Wald hinunter. Der Hund hinten in seiner Hütte sieht mich vorbeigehen. Während er mir wie gewöhnlich die Hände leckt, bedeute ich ihm durch Zeichen, daß er nicht bellen und das ganze Haus aufwecken soll. Er versteht diese Zeichensprache. Könnten doch auch die Menschen ihrerseits die Sprache der Vögel verstehen, die unter den hohen Bäumen davonfliegen, weil sie sich in ihrem Morgenständchen gestört fühlen.

23. April
Ostermontag. Für jene, die an der Vorbereitung des in diesen Tagen stattfindenden Treffens gearbeitet hatten, war es keine Kleinigkeit, eine solche Menge von Jugendlichen zu empfangen.

Ich habe darüber nachgedacht, wie wir miteinander weitergehen sollen. Seit der Ankündigung des Konzils der Jugend besteht ein Teil meiner Aufgabe darin, zuzuhören und zusammen mit andern zu rekapitulieren, und zwar nicht nur mit den interkontinentalen Teams, sondern auch spontan in der Begegnung mit diesem oder jenem Jugendlichen. Wenn nötig, könnte ich auch ausnahmsweise einen Ausgleich ermöglichen, aber das hat sich nicht als notwendig erwiesen. Nie sind wir auf unserem Marsch blockiert gewesen. Das zeigt, mit welcher Vitalität die einen wie die andern auf einem Weg voranstreben, der im Laufe von drei Jahren auch schon über steile Strecken geführt hat.

6. Mai

Die Lage im Nahen Osten verschärft sich. Es geht die Rede von einem schwarzen Mai, der dem schwarzen September folgen wird. Manche von der Weltöffentlichkeit immer schärfer verurteilte Fedajins stürzen von einer Verzweiflung in die andere. Was können wir für die tun, die sich gegenseitig töten? Heute früh habe ich bei der wöchentlichen Begegnung mit den Jugendlichen über die Probleme des Nahen Ostens gesprochen. Nachträglich entdeckte ich, daß ausgerechnet heute ein arabischer Christ aus Amman da war, der gerade in sein Land zurückkehrt. Wir trafen uns und sprachen miteinander.

17. Mai

Ein Traum. Wir nähern uns einem Hafen, und in dem Augenblick, da wir anlegen wollen, werden wir ins Meer zurückgestoßen.

18. Mai

Die ganze Woche war vom Unglück eines Bruders gezeichnet. Christoph steht an der Pforte des Todes. Die Ärzte haben einen Gehirntumor festgestellt. Im Krankenhaus, als er kurz aus dem Koma erwachte, konnte ich ihm sagen: "Deine Mutter betet mit dir." Sie ist seit Jahren tot, aber in unseren Gesprächen war sie oft gegenwärtig.

29. Mai
Eine junge Deutsche sagte beim Abschied: "Wenn wir zu uns zurückkehren, sind wir in der Welt. Sie, Sie bleiben hier." Und doch trägt der Mensch die "Welt" überall mit sich. Im Gewimmel der Massen, im Alleinsein, ja bis in seine Träume hinein, wo er sich im Schlaf von allem abgeschnitten wähnt, hat er die "Welt" mit sich.

9. Juni
Unter Christen, aber auch anderswo, benützt man oft das schlechte Gewissen oder Unglücksprophezeiungen, um vom andern zu erlangen, was man will.

12. Juni
Brief von Jacques. Er ist in Indien. Er schreibt über die Konfrontation mit dem Hinduismus und dem Buddhismus: Sie zwingt uns, aus unserer Vorstellungswelt herauszutreten, denn im Westen bleiben auch noch Marxismus und Humanismus, mit denen wir einen Dialog versuchen, säkularisierte Abkömmlinge des Christentums.

17. Juni
Dreifaltigkeitssonntag. Heute früh ist Christoph gestorben. Ich möchte zu meinen Brüdern gehen, denn auch sie leiden unter diesem Riß, aber eine Stunde des Alleinseins beruhigt. Bis zum letzten Augenblick hatte ich gehofft, er würde bei uns bleiben, wenn auch als Kranker. Seit Monaten, lange vor seinem Unfall, sah ich ihn unter uns wie einen „Staretz" leben.

20. Juni
Zuhören, zuhören, nichts erzwingen. Ich möchte in die Einsamkeit einwilligen, die mein Auftrag mir auferlegt. Würde ich nur jeden Tag im Bewußtsein leben, daß dieser Teil der Einsamkeit ihm allein vorbehalten ist... Zuhören, nichts erzwingen. Mit dem Herzen begreifen, der Verstand wird folgen.

10. Juli
Einmal mehr habe ich in einem persönlichen Gespräch diese Frage gehört: Wie kann ich ich selber sein, wie kann ich mich selbst verwirklichen? Manche quält diese Frage in beängstigender Weise.

Dabei fällt mir eine Überlegung von Johan über seine Begegnung mit Jesus ein: „Er hat nicht zu mir gesagt, sei du selber, sondern sei mit mir." Wie recht er hat! Christus sagt uns nicht: „Suche dich selber", und auch nicht: „Lauf hinter dir selber her", sondern: „Komm und folge mir."

Wenn „Man-selber-sein" heißt, die Masken, bequemes Anpassungsverhalten, überlieferte Verhaltensmuster fallenlassen – wer würde da nicht zustimmen? Das ist nicht nur gut, sondern notwendig.

Wenn aber der Mensch, um er selber zu sein, sein Ich auf Kosten der Freiheit anderer durchsetzt, wenn er sich aufbläht wie ein Blutegel, dann läuft er hinter einer Fata Morgana her.

Wer sich auf Kosten anderer auf ihrem Rücken breitmacht, schließt damit noch nicht notwendig Gott aus seinem Leben aus. Aber wenn es auch nicht bedeutet, daß man Gott ablehnt, so betrachtet man ihn doch keineswegs als das Wesentliche.

Das Evangelium legt dem Menschen nahe, er selber zu sein und seine Gaben hundertfach zu nützen, aber nicht, um sich selber, sondern um dem Nächsten zu dienen.

Dem Evangelium nach heißt „Man-selber-sein" so lange zu graben, bis man auf die unersetzliche Gabe stößt, die in jedem Menschen verborgen ist. Durch diese einzigartige Gabe hindurch, die in nichts der eines andern gleicht, verwirklicht sich der Mensch in Gott.

Still werden, sich in die ›Wüste zurückziehen‹, und sei es auch nur ein einziges Mal im Leben, um diese Gabe kennenzulernen ...

11. Juli
Es gibt Christen, die sich über den Verlust des Glaubens bei so vielen Menschen mit dem Gedanken trösten, daß ein „kleiner Rest" immer bleiben wird. Aber wo bleibt dabei die universelle Berufung, Sauerteig für die Gemeinschaft im Teig der Menschheit zu sein? Sich darüber freuen, zu einem „kleinen Rest" des Volkes Gottes zu gehören, kann in Selbstgenügsamkeit kleiner Grüppchen entarten.

12. Juni
Adrien versetzt uns mit seinen täglichen Bemerkungen über das Wetter in Begeisterung. Vielleicht könnte er sogar hier in Taizé seinen Beruf als Meteorologe ausüben und von den amtlichen meteorologischen Stellen die Aufstellung der unentbehrlichen Geräte hier oben erwirken. Das ist wohl das Letzte, woran wir hier oben auf dem Hügel gedacht hätten!

16. Juli
Gestern abend auf dem Weg bei der Eiche lange bewegungslos in die Betrachtung des Himmels versunken. Eine schwache Bodenbrise brachte ein Zittern in die Zweige. Oben tanzten die Wolken, vom Vollmond beschienen und von Windstößen von Westen nach Osten getrieben.

In mein Zimmer zurückgekehrt saß ich am Fenstersims, die Beine über das Vordach hängend, unfähig den Blick von den vom Wind getriebenen Wolken loszureißen. Der Mond tauchte auf und verschwand. Wenn er sich verschleierte, entstand am Himmel ein nächtlicher Glanz.

Heute morgen während des gemeinsamen Gebetes war ich überzeugt, daß keine Last zu schwer sein wird. Alles erschien wünschenswert. Und in dieses friedliche Licht getaucht, nahm der Tag seinen Lauf in der Gewißheit einer Gegenwart.

Warum vergißt man starke Augenblicke so leicht, als wären sie nie gewesen? Es ist keine Zeitverschwendung, sie aufzuschreiben.

4. August
Lange Unterredung mit Ivan Restrepo. Er hat fünf Jahre für eine Doktorarbeit über Taizé verwendet. Man muß wirklich Jesuit und obendrein Südamerikaner sein, um den Mut aufzubringen, sich über so viele Jahre an diese Arbeit zu machen. Ich kann nicht begreifen, warum man an Universitäten Taizé zum Gegenstand von Untersuchungen wählt. Wie viele junge Leute haben wir schon davon abgebracht, sich in dieses Unternehmen zu stürzen. Um zu verstehen, was wir zu leben versuchen, fehlt der zeitliche Abstand – sogar für uns. Was Ivan betrifft, so sagen die, die seine Arbeit gelesen haben, sie sei wertvoll.

8. August
Manche Menschen wollen überall von Anfang an dabeigewesen sein. Wenn sie nicht bei den ersten Schritten einer Schöpfung dabeigewesen sind, haben sie keine Lust, sich ihr anzuschließen. Wissen sie, daß das Schöpferische in der Folgezeit nicht weniger als in den Anfängen gegenwärtig ist? Ja manchmal kommt es sogar in der Weiterführung stärker zum Zug. Sonst bleibt es bei Abenteuern ohne Zukunft. Sobald der blendende Glanz eines Feuerwerks erstorben ist, bleiben wir im Finstern zurück.

Für uns in Taizé war die schöpferische Kraft in unseren letzten zwölf Jahren nicht weniger fühlbar am Werk als in den ersten Jahren.

4. September
Intensives Nacherleben eines Sommerabends im Jahre 1942, als ich noch allein war in Taizé. Ich saß damals an einem kleinen Tisch und schrieb. Ich wußte mich in Gefahr wegen der politischen Flüchtlinge, die ich im Hause beherbergte. Schwer hing die Drohung einer Verhaftung über mir. Eine Gruppe Zivilpolizisten, die auf Streife war, kam mich zu verhören. An jenem Abend, als die Angst mein Herz zusammenschnürte, stieg ein Gebet in mir auf, mit dem ich Gott anrief, ohne wirklich zu verstehen, was ich sagte: „Nimm mein Leben, wenn du es für gut befindest, aber gewähre, daß das, was hier begonnen hat, weitergehe." Und was

hatte hier vor zwei Jahren begonnen? Vor allem Gastfreundschaft und das einsame Gebet.

5. September
Lange Unterredung mit einer kleinen Gruppe von Jungen und Mädchen. Sie tragen hier weitgehend die Verantwortung für den Empfang. Wir besprachen uns über das in Vorbereitung stehende Konzil der Jugend.

In der gegenwärtigen Phase der Geschichte vollzieht sich in der nördlichen Hemisphäre ein Zusammenbruch des „moralischen Gedächtnisses". Das äußert sich unter anderm in der Ablehnung von Treue und Ausdauer. Alles muß sich im Handumdrehen ändern können.

Dieser Verlust des „moralischen Gedächtnisses" hat unsere ökumenische Berufung in Taizé stark in Frage gestellt, und in diesem Prozeß hat sich eine konkrete Antwort eingestellt: ein Konzil der Jugend vorbereiten. Viereinhalb Jahre zusammenhalten, um uns auf ein Ereignis vorzubereiten, das seinerseits einige Jahre dauern wird, das ist schon eine Herausforderung in sich.

Beim Konzil der Jugend wird es sich nicht um irgendein beliebiges Abenteuer handeln, unter keinen Umständen um einen Kongreß, ein Forum, eine Plattform für Ideen, die in der Luft bleiben. Der Name selbst, den wir gewählt haben, „Konzil der Jugend", macht es zu einem Abenteuer, das im

Leib Christi, in seiner Kirche in jener unersetzlichen Kommunion gelebt und dadurch mitten in einer Menschheit, deren ganzes Ringen, Suchen und Streben, ohne daß sie es weiß, auf eine Wiedergeburt gerichtet ist.

16. September
Manche Menschen bewahren eifersüchtig eine Flaschenscherbe in ihrem Herzen, von der sie sich nach Belieben kratzen lassen und mit der sie Gefahr laufen, auch in ihrer Umgebung Kratzer auszuteilen.

20. September
Die Kinder, die oft zum gemeinsamen Gebet in die Kirche kommen und sich neben mich hinknien... Was sie dabei entdecken, wird sie für immer prägen. Nie soll man ein Kind um sein kontemplatives Vermögen bringen, von dem es sein ganzes Leben lang getragen wird.

21. September
Wieder am runden Tisch mit seiner abgenutzten Tannenholzplatte. Solches Holz weckt in mir die Träume meiner Kindheit im Jura. In allen ärmeren Häusern der Dörfer glänzten solche Tannenholzplatten, die durch kräftiges Scheuern mit Tüchern poliert wurden.

Eine Stunde, rund wie der Tisch. Eine Stunde, in der sich alles zusammenfügt. Keine Trennung zwischen den Stunden der Jugend und denen von heute. Die einen zehren von den anderen.

Wenn ich auf der kleinen Bank sitze, die gleichfalls aus Tannenholz ist, überkommt es mich, wieder zur Feder zu greifen wie ein Handwerker, den es unwiderstehlich treibt, zu schaffen und immer noch weiter zu schaffen.

25. September
Gespräch mit einem Wissenschaftler. Der Mensch muß seine reichen Gaben an Intelligenz oder sein Genie teuer bezahlen und dabei die Kehrseiten auf sich nehmen, die seinen Fähigkeiten an Ausmaß nicht nachstehen.

1. Oktober
Besuch des Erzbischofs von Canterbury. Als er zu den Jugendlichen sprach, sagte er: „Das Konzil der Jugend wird nicht einfach eine weitere Organisation sein und auch nicht eine neue Bewegung. Durch das Konzil werden viele Jugendliche der Kirche überall auf der Erde helfen, eine Kirche zu werden, die sich selber vergessen kann, weil sie Stolz, Macht und Reichtum von sich weist."

15. Oktober
Gewisse Spannungen in der Vorbereitung des Konzils der Jugend rühren eher von Personen her als von Ideen. Eines Tages wird nur mehr zählen, daß man immer wieder zur Gemeinschaft zurück-

gefunden hat. Alles andere wird vergehen, ohne viele Spuren zu hinterlassen.

Was unsere Communauté betrifft, so ist ihre Berufung, eine Vorwegnahme der Kommunion in der Kirche zu leben, eindeutiger, als sie es sich vorgestellt hatte. Von uns ist gefordert, immer wieder Abstand zu nehmen, das innere Schweigen zu suchen und Risiken einzugehen.

23. Oktober

Zu Nicolas' Geburtstagsfeier haben wir Cristobal zum Essen eingeladen. Wir sprechen von den Überschwemmungen in Andalusien. Er erinnert sich, schon als Zehnjähriger erlebt zu haben, wie ein Strom von Wasser und Schlamm über Málaga hereinbrach. Das Haus seines besten Freundes Eduardo brach vor seinen Augen zusammen. Während die Mauern einstürzten, sah er, wie der Strom den Körper Eduardos mit sich fortriß. Die ganze folgende Woche hindurch ging er täglich zum Tabernakel in der Kirche seines Wohnviertels. Er rang mit Gott und fragte immer wieder, warum Eduardo nicht mehr da sei. Nach acht Tagen hatte er seinen Frieden wiedergefunden. Er hatte Gott gesagt: „Ich habe nur dich." Bei diesen Worten begann Cristobal zu weinen und weinte lange, sehr lange. Wir beschlossen, den Nachtisch für die nächste Mahlzeit aufzuheben, und Cristobal sagte: „Ich komme und singe Flamencos." Und abends bei Tisch sang er unermüdlich.

24. Oktober
Die Ereignisse annehmen, auch die kleinsten, ohne Hintergedanken, ohne Bedauern, ohne Wehmut, aber in unerschöpflichem Staunen.

Geh, geh weiter, setz einen Fuß vor den andern, vom Zweifel geh weiter zum Glauben, und kümmere dich nicht um das, was unmöglich scheint. Entzünde ein Feuer, selbst mit den Dornen, die dich zerreißen.

Vom Zweifel zum Glauben

Keiner ist von Natur aus dafür gemacht, den Radikalismus des Evangeliums zu leben. In jedem Menschen überlagern sich Ja und Nein.

Und doch baut die Persönlichkeit des Menschen gerade auf seiner uneingeschränkten Hingabe auf. Wenn er sein ganzes Leben einsetzt, bereitet sich das in ihm vor, was er nicht zu hoffen wagte. Engpässe, Entmutigungen und Kämpfe auf seinem Weg sind weit davon entfernt, ihn zu zerstören: sie formen ihn. Die dunklen Wegstrecken werden in Etappen zurückgelegt: die Einsamkeit langer Nächte fast ohne Licht und voll ungestillten menschlichen Verlangens ... die Bitterkeiten, diese Schwäre des Daseins ... die Stürme ... die Ängste, die an den Wendepunkten des Lebens lauern ...

Ist das Gelände mit Gestrüpp, mit Disteln und Dornen bedeckt? Mit den Dornen entzündet Christus ein Feuer. Bleiben Wurzeln der Bitterkeit, der Unfähigkeit zu lieben zurück? Sie nähren dieses Feuer. Die Schwächen werden zu einem Schmelztiegel, aus dem das Ja Tag für Tag wieder und wieder und immer von neuem hervorgebracht wird. Das Bedrohlichste im Menschen verwandelt sich in einen Hebel, mit dem er seine Schwerfälligkeit aufhebt.

Es kommt der Augenblick, wo das, was man schon nicht mehr erwartet hatte, geschenkt wird. Dann bricht das Ungeahnte an. Ein Widerschein Christi in uns. Die andern sehen diese Ausstrahlung, auch wenn wir selbst uns ihrer nicht bewußt sind. Es gibt keine Möglichkeit festzustellen, welche Ausstrahlung wir haben. So viele Menschen auf der Erde strahlen Gott aus, ohne es zu wissen, ja vielleicht sogar, ohne zu wagen, es zu glauben.

Für den, der sein ganzes Leben einsetzt, gibt es keine Ausweglosigkeit.

Wir glauben, uns von Christus abgewendet zu haben; er wendet sich nicht von uns ab.

Wir glauben, ihn vergessen zu haben; er war da.

Und so nehmen wir unsern Marsch wieder auf, wir beginnen von neuem, Christus ist gegenwärtig.

Darin liegt das Unerwartete, darin liegt das Ungeahnte.

Viele schrecken vor dem Radikalismus des Evangeliums und vor den damit verbundenen Gefahren zurück. In ihnen bleibt der Zweifel. Manche wissen nicht, ob sie noch glauben oder nicht.

Nicht Christus ist es, der abwesend oder dem Menschen fern ist. Der Mensch ist es, der zerstreut, fern oder gleichgültig ist. Christus existiert unab-

hängig vom Menschen, er ist nicht an die subjektiven Gefühle gebunden, die wir für ihn hegen oder nicht.

Wenn wir uns heute unserer Zweifel stärker bewußt sind als die Menschen früherer Zeiten, so deshalb, weil wir uns eher damit abfinden, daß unsere Gläubigkeit Löcher des Unglaubens aufweist.

Früher sprach man das ,,ich glaube", ,,credo", leichter aus; heute gibt es viele, die lieber zuerst zu Gott sagen: ,,Ich liebe dich", und erst dann, ziemlich viel später: ,,Ich glaube."

Schon vor mehr als einem Jahrhundert fingen die Christen an, sich auf diese Weise über Zweifel und Glauben Gedanken zu machen. Dostojewski schrieb in seiner sibirischen Gefangenschaft: ,,Bis heute bin ich ein Kind des Unglaubens und des Zweifels, und ich weiß wohl, ich werde es bleiben bis zum Grabe. Welch schreckliche Qualen hat dieser Durst nach Glauben, der um so stärker ist, je mehr Gegenargumente sich in mir erheben, meiner Seele schon angetan, und er tut es auch jetzt noch." Gleichzeitig aber bekennt Dostojewski, ,,es gibt" in seinen Augen ,,nichts Schöneres, Tieferes, Sympathischeres, Vernünftigeres, Männlicheres und Vollkommeneres als Christus, ja es gibt nicht nur nichts, sondern – ich sage es mit eifersüchtiger Liebe – es kann nichts geben. Ja, noch mehr. Bewiese man mir, daß Christus außerhalb der Wahrheit steht und die Wahrheit außerhalb Christi, so würde ich lieber an Christus festhalten als an der Wahrheit."

Wenn also Dostojewski zu verstehen gibt, daß in ihm beide, der Glaubende und der Nichtglaubende, nebeneinander wohnen, das Nein mit dem Ja, so tut das seiner leidenschaftlichen Liebe für Christus keinerlei Abbruch. Obgleich er ein Kind des Zweifels und des Unglaubens ist, hört er dennoch die Frage Christi: „Liebst du mich?", und Tag für Tag geht er von neuem den Weg vom Zweifel zum Glauben.

26. Oktober
Es gibt Situationen, in denen ein junges Paar fühlt, daß ihm, um seine Einigkeit zu wahren, kein anderer Weg bleibt, als mit Vater und Mutter zu brechen. Aber es ist so wesentlich für das fundamentale Gleichgewicht des Menschen, Vater und Mutter in sein Leben miteinzubeziehen, daß ein solcher Bruch nur zu vorübergehendem Frieden führt.

Man darf sich nicht mit Schuldgefühlen beladen lassen durch die Frustration eines Vaters, der, ohne sich dessen bewußt zu sein, seine Tochter leidenschaftlich liebte, oder einer Mutter, die auf ihren Sohn fixiert war. Derartige elterliche Verhaltensweisen sind so alt wie die Welt. Bei den Eltern hat der Wille oft keinerlei Macht über ihre besitzerische Liebe, die Ausdruck einer Angst ist. Die Eltern verstehen, so gut man kann, und sie vor allem nicht wie in Fesseln schlagen, indem man sie verurteilt.

17. November
Paris. Besuch bei Kardinal Silva von Santiago de Chile, der sich auf der Durchreise in Frankreich aufhält. Ich brauchte einige Sekunden, um ihn wiederzuerkennen. Sein Gesicht ist abgemagert und von tiefen Furchen durchzogen. Es bleiben die Augen, sie sind immer noch dieselben.

Gewiß, auch in andern Ländern leidet man, aber die Tragödie in Chile brandmarkt mit glühendem Eisen und macht viele gänzlich ratlos. Wir hatten die Möglichkeit, uns von Taizé aus an Interventionen zur Rettung eines Menschenlebens zu beteiligen, nämlich zugunsten von Luis Corvalán, dem Generalsekretär der chilenischen kommunistischen Partei ... Bei dieser konkreten Gelegenheit konnte ich den Mut Pauls VI. sozusagen mit Händen greifen.

18. November
Im Laufe eines Treffens sagte Cristobal zu allen versammelten Jugendlichen: „Nun ist es an uns, den Gang auf den Ölberg anzutreten, das von den anderen Verlassenwerden, ja selbst das scheinbare von Gott Verlassen-Sein kennenzulernen, damit wir dahin gelangen, uns Gott auszuliefern. Ich nähere mich dem Ölberg, noch stehe ich am Eingang, ich wage nicht einzutreten, aber ich weiß, daß ich es tun muß, wenn ich mit Christus gehen und mit ihm Ostern, den Durchgang ins neue Leben, erwarten will."

2. Dezember

Gestern trafen wir im Wartesaal des Bahnhofs von Mâcon drei algerische Arbeiter, Auswanderer. Wir unterhalten uns mit ihnen. Zwei von ihnen haben kleine Kinder. Einmal im Jahr verbringen sie einige Wochen bei den Ihren in Nordafrika. Ohne irgendwelche Zeichen von Enttäuschung sprechen sie von ihren Schwierigkeiten bei der Arbeit und bei der Wohnungssuche. Wir verdanken ihnen einen Teil der Entwicklung Europas und der Hebung unseres Lebensstandards. Und doch bleiben sie in den Augen so vieler Europäer Parias, Ausgestoßene der Gesellschaft.

4. Dezember

Schon mehrere Tage lang konnte man für meine Mutter nichts mehr tun: sie nahm keine Nahrung mehr zu sich. Heute morgen sagte sie in der Absicht, alle zu beruhigen, zu Ghislain: „Das Leben ist schön", und sie fügte hinzu: „Bleiben wir voll Freude." Am Nachmittag murmelte sie noch einmal: „Das Leben ist schön." Und dann mehrmals hintereinander: „Jesus ... es ist schön". Das waren ihre letzten Worte. Um 20 Uhr, während wir zum gemeinsamen Gebet in der Kirche waren, ging sie in die Ewigkeit Christi ein. Sie ist ganz sanft erloschen, der Atem wurde einfach immer langsamer.

Nach ihrem ersten Herzanfall vor einigen Jahren sagte sie, sobald sie wieder sprechen konnte:

„Ich fürchte den Tod nicht, ich weiß, an wen ich glaube... aber ich liebe das Leben."

15. Dezember
Paris. In der Messe in St-Sulpice predigt der Priester über den Sinn der Gemeinschaft. In jeder Gemeinschaft braucht es einen Menschen, der darüber wacht, daß sie sich nicht darauf beschränkt, ihre eigene Befriedigung zu suchen, sondern daß sie für das Universelle offenbleibt.

Wenn in dir Scham darüber aufsteigt, daß du nicht der Mensch bist, der seinem Auftrag gewachsen ist, wenn du manchmal mit Gewalt das kupferne Kreuz, das du auf dem Gewand zum Gebet trägst, herunterreißen möchtest, denke an diese Stunde: „In jeder Gemeinschaft braucht es einen Menschen..."

16. Dezember
Keine Angst um das Heil der Menschen. Gott ist Liebe. Wer das weiß, findet darin die Fülle. Was die betrifft, die nie etwas von Gott gewußt haben, so ist Jesus deshalb am Karsamstag in „das Reich des Todes" hinabgestiegen, um sie aufzusuchen. Er ist zu jedem Menschen gegangen, der vor ihm gestorben ist. Und auch jetzt und weiterhin sucht er alle auf, die ihn nicht kennen.

1. Januar 1974
Sollte 1974 für uns das Jahr werden, in dem wir angesichts unserer übergroßen Aufgaben und unserer so begrenzten Mittel zur gänzlichen Hingabe an Gott gelangen? Sollte es das Jahr werden, in dem wir uns vom Heiligen Geist zu Menschen des Überströmens machen lassen? Ohne Herzen, die überströmen, ohne Verständnis für Zusammenhänge wird der Blick, mit dem wir Menschen und Ereignisse sehen, engherzig, wird alles klein.

3. Januar
Brief eines Studenten:
„Ich bin allein nach Taizé aufgebrochen, und habe diesen Schritt, der mich etwas stärker in der Nachfolge Christi gebunden hat, nur zögernd getan. Ich ermesse, oder genauer gesagt, ich ahne den Weg, den ich in neun Tagen auf dem Hügel zurückgelegt habe. Ich habe meine Zugehörigkeit zu Jesus Christus gezeigt, der um die Rettung aller Menschen kämpft. In der Müdigkeit schlafloser Nächte habe ich von dem am Ölberg ringenden Jesus Christus gelebt. Während des täglichen gemeinsamen Gebetes habe ich, auf meinen Fersen sitzend, alle Ihre Brüder betrachtet und dabei gedacht, daß Christus uns wahrhaftig berufen hat, Toren zu sein, um so ferne von der Welt zu leben und ihr doch gleichzeitig so nahe zu sein.

Ich bin Student der Wirtschaftswissenschaften.

Seit eineinhalb Jahren sehe ich mich mit konkreten Problemen der Gewalt konfrontiert, und zwar sowohl psychologischer Natur, was die Sinnlosigkeit der uns beigebrachten Lehrmeinungen angeht, als auch physischer Natur, was die Polizei angeht oder rechtsextremistische Gruppen oder die Gleichgültigkeit der Masse der Studenten. Diesen Sommer habe ich mich für den militanten revolutionären Einsatz entschieden. Und je mehr ich kämpfe, desto mehr beschwingt mich das Fest.

Wenn ich morgen mein Leben hingeben muß, so weiß ich, daß andere das irgendwo anders vor mir gekonnt haben."

11. Januar
Ich kommentiere für meine Brüder, die in der kleinen romanischen Kirche versammelt sind, eine Erzählung aus dem Alten Testament.

Eines Tages, in einer Zeit höchster Hungersnot, sieht eine alte Frau aus dem Dorf Sarepta den Gottesmann Elija bei sich eintreten. In ihrem Topf und in ihrem Krug ist nur mehr ganz wenig Mehl und Öl übriggeblieben. Dennoch zögert sie nicht, diese Reste aufzubrauchen, um drei kleine Kuchen zu bereiten. Und sie sagt: „Wenn wir das gegessen haben, bleibt uns nur mehr übrig zu sterben."

Sie geht in ihrem Vertrauen bis zum Äußersten. Und da zieht Gott vorbei, wie ein Blitz, und Mehl und Öl erschöpfen sich nicht.

In diesem Jahr der Eröffnung des Konzils der

Jugend ist nur wenig Mehl in unseren Töpfen und wenig Öl in unseren Krügen. Aber mit diesem wenigen ist uns die unversiegbare Überfülle angeboten.

Da wir uns um Christi willen für das Unbekannte engagiert haben, können wir ihm schon jetzt sagen: Ich habe dir aufs Wort geglaubt, ich bedaure nichts; wenn ich noch einmal anfangen müßte, würde ich wieder den gleichen Weg gehen.

15. Januar
Heute wie gestern bleibt unsere Communauté in angespannter Wachsamkeit im „Leiden mit der Kirche", wie es einer meiner Brüder ausdrückt.

Sie muß an einer doppelten Bewegung teilnehmen: einerseits muß im Volk Gottes von innen heraus unermüdlich alles erneuert werden, was sich erneuern läßt, andererseits muß sie das Wagnis eingehen, in der Vorhut zu marschieren.

Seit zehn Jahren ungefähr lassen sich über die ganze Erde hin im Volk Gottes zahlreiche Aufbrüche feststellen. Überall wandeln sich konformistische Haltungen in persönliche Engagements um.

Der Marsch dieses Volkes geht zwar langsam vor sich, aber deswegen nicht weniger sicher. Wollte man versuchen, ihn zu beschleunigen, so würde man ihn in Verwirrung stürzen.

Es geht darum, die Werte des Volksglaubens

von innen heraus zu verlebendigen, mitten unter der Masse zu bleiben und ihre Erwartungen, ihre Hoffnungen, ihre Nöte zu teilen.

Niemand darf glauben, seine Leidenschaft für die Gemeinschaft im Leib Christi, seiner Kirche, ermächtige ihn, grob in die langsamen Entwicklungen des Volkes Gottes einzugreifen. Es wäre herzlos, die Masse der Christen auf diese Weise in Verzweiflung zu stürzen. Der Geist hat ihnen oft einen kindlichen Glauben eingehaucht. Sollte es Sache von auch nur igendeinem sein, den Armen des Volkes Gottes einen Stein an den Hals zu hängen und dadurch den Leib Christi selbst zu verwunden?

Jene aber, die dafür gemacht sind, in der Vorhut der Kirche zu stehen, nehmen die Gefahren auf sich und bereiten die Wege. An vielen Orten schon werden Christen Brüder von Nichtglaubenden, das ist ganz eindeutig eines der Zeichen unserer Zeit. Überall wächst bei den Christen das Bewußtsein, daß sie zur Gemeinschaft der Menschheit gehören und berufen sind, Ferment der Einheit in einer säkularisierten Welt zu sein.

Mitten im Volk Gottes und zugleich in der Vorhut der Kirche stehen – es gibt nichts, was diese beiden Wege unvereinbar machen würde.

Bis zu meinem letzten Atemzug werde ich das ganze Gewicht meiner Überzeugung einsetzen, um möglichst viele Menschen dafür zu gewinnen.

6. Februar
Mit Robert und Thomas in den Vereinigten Staaten. Freude, San Francisco zu entdecken. Es ist die zweite Einladung der Bischöfe der anglikanischen Glaubensgemeinschaft, diesmal, um über den Heiligen Geist zu sprechen.

Wie können wir in einer Zeit, in der wir ein Erwachen des Heiligen Geistes erleben, unsere Gaben und Charismen so leben, daß wir einander ergänzen, anstatt uns gegenseitig auszuschließen?

Unter den Jugendlichen, denen ich in Taizé zuhöre, sind die sogenannten Charismatiker oft eine Erholung für das Herz. Aber ich halte es für notwendig, ihnen zu sagen: Wie ich versuche zu verstehen, was der Heilige Geist durch euch der Kirche sagt, so sucht auch ihr herauszufinden, was der Heilige Geist durch andere sagt, die die Dinge aus einer anderen Sicht sehen, z. B. aus der Sicht eines uneigennützigen politischen Kampfes. Hört zu, versteht.

Anderen wiederum sage ich: Ihr müßt wissen, daß sich bei den Charismatikern Tiefen auftun und Empfindsamkeiten geweckt werden, die es erlauben, viele bis dahin verborgene menschliche Möglichkeiten zur freien Entfaltung kommen zu lassen.

2. März

Nach dem tiefverhangenen Himmel Ende Februar und den gestrigen Stürmen haben die Winde den Himmel aufgehellt, und da und dort zerreißen sie die dichte Wolkendecke. Den ganzen Vormittag hindurch entstanden und vergingen in unaufhörlichem Wechsel Bilder aus hellen und dunklen Flekken. Den Blick erneuern, um zu lieben, bis hin zum zerbrechlichen Licht dieser Tage.

3. März

Ein Brief von Ivan Restrepo. Er teilt mir den Tod seines jungen Jesuitenbruders Diego mit. Ich kannte Diego. Während er in Lyon studierte und bevor er nach Kolumbien zurückkehrte, kam er nach Taizé. Er war einige Wochen krank und starb dann an Krebs. Er lag in einer eisernen Lunge und konnte sich nur mehr durch kleine Zettel verständigen. Am Vormittag des 13. Februar fragt er schriftlich: „Ist es ernst?" Ivan, der bei ihm ist, verhehlt ihm die Wahrheit nicht. Gegen Ende des Vormittags schreibt er: „Das Buch von Roger." Man bringt es ihm. Einige Augenblicke später notiert er: „Wenn ich sterbe, laß auf mein Grab schreiben: Dein Fest sei ohne Ende." Dann schläft er ein und stirbt wenig später.

Der letzte Wille Diegos wird mir helfen, den Lauf bis zum Ende durchzuhalten.

4. März

Brief eines katholischen Bischofs, der gerade einige Tage bei uns verbracht hat.

„In Taizé atmet alles schon die gespannte Erwartung des Konzils der Jugend. Man fühlt sich dort von einem ungestümen Wehen des Heiligen Geistes erfaßt, der die Kirche in ihren Grundfesten erschüttert, nicht um sie umzustürzen, sondern um Mauern niederzureißen und die Kirche bereit zu machen für die Aufnahme der vielen auf der Suche nach einer Hoffnung, die der Welt das Leben schenken und die jungen Generationen dazu bringen kann, eine gerechte und brüderliche Welt als ein Zeichen des kommenden Reiches aufzubauen. Es ist verständlich, daß diese Erwartung mit Schrecken gemischt ist, handelt es sich doch darum, sich dem Heiligen Geist auszuliefern, von dem man nie weiß, wohin man mit ihm gelangen wird, weil er alle unsere menschlichen Berechnungen hinfällig macht. Ich habe ein deutliches Gefühl, daß das Konzil der Jugend trotz aller Anfechtungen, aller Widerstände, der unvermeidlichen Lücken und Mißerfolge eine neue Etappe für die Kirche und für die gesamte Menschheit bedeuten wird. Den gesetzteren und realistischeren Christen wird diese Hoffnung vielleicht lächerlich und übertrieben vorkommen, aber die Gleichnisse vom Senfkorn und vom kleinen Zimmermannn, der zum auferstandenen Herrn wird, sind Utopien, die sich trotz aller gegenteiligen Vorhersagen unaufhörlich verwirklichen. Pfingsten ist noch nicht vorbei."

13. März

In der letzten Zeit habe ich mehrmals an das gedacht, was mein erstes Buch hätte werden sollen. Es tut mir leid, daß ich das Manuskript vernichtet habe, wie ich es mit allen meinen Papieren zu machen pflege. Dieses Manuskript würde mich über die Entscheidungen meiner Jugend unterrichten.

Wenn ich das Buch „Entwicklung einer puritanischen Jugend" in dem Alter veröffentlicht hätte, in dem ich es geschrieben habe, nämlich mit 20 Jahren, so hätte sich mein Leben vielleicht anders entwickelt. Warum war ich nicht imstande, das Ende des Textes umzuarbeiten, wie es mir Jean Paulhan, der Direktor der NRF (Nouvelle Revue Française, Verlagshaus) nahelegte, der es unter dieser Bedingung veröffentlicht hätte? Woher kam mir die Gewißheit, mein Manuskript sei ein geschlossenes Ganzes, das sich nicht umarbeiten lasse? Es war das Ergebnis des Kampfes und der Entdeckungen der frühen Jugend.

25. März

Wenn der Priester zugleich Priester und Laie sein wollte, würde er auch dem Laienstand seinen spezifischen Dienst wegnehmen.

29. März
Zwei junge, in Verbannung lebende Chilenen, die kürzlich bei uns durchkamen, haben zu mir gesagt: „Ihnen hier ist es aufgetragen zu säen, immer wieder zu säen, ohne sich um die Ernte zu kümmern."

5. April
Wenn ich in den letzten Jahren jungen Menschen zuhörte, die nicht Priester werden wollten aus Angst, keine Gemeinschaft zu finden und dadurch in eine Einsamkeit zu geraten, die sie mehr denn je Gefahren aussetzen würde, dann fragte ich mich: Ist nicht der Augenblick für die Weihe verheirateter Männer gekommen?

Seit nunmehr über tausend Jahren ist das Priesteramt in der katholischen Kirche an den Zölibat gebunden, und ich weiß, was so eine mehr als tausendjährige Tradition bedeutet. Und doch stellt uns die grausame Schrumpfung der Priester- und Seelsorgerberufungen vor eine Frage.

Die gegenwärtigen Erschütterungen der Kirche haben ihre Ursache in den ungeheuren Wandlungen der Gesellschaft. Nicht, daß Gott seine Kirche bestraft. Er bringt sie vielmehr in diesen Jahren auf noch sichtbarere Weise voran. Nicht eine Leere läßt er entstehen. Schon bietet er angesichts der Ausblutung der Berufungen die Genesung an: der jedem Laien eingeprägte Anteil an der Berufung erlebt eine unerwartete Entwicklung.

Gewiß werden die von einsatzbereiten Laien getragenen örtlichen Gemeinschaften viel zu tun vermögen. Aber können sie ohne jemanden auskommen, der Männer und Frauen zusammenbringt, ohne jemanden, der die Eucharistie mit ihnen feiert, ohne die Quelle und Vollendung jeglicher Gemeinschaft? Und wenn verheiratete Männer eine ausgesprochene Gabe für dieses Amt an den Tag legen, stellt uns das nicht vor eine Frage? Kann man den örtlichen Gemeinschaften solche Hirten vorenthalten?

Es ist wahr, daß man in den Kirchen der Reformation mit Pastorenfamilien bedenkliche Erfahrungen gemacht hat. Es gibt die in eine „kirchliche Familie" eingesperrten Kinder. Andrerseits aber gibt es auch all die Frauen, die sehr bemüht sind, ihren Mann in seinem Wirken zu unterstützen. Und dann sind da die vielen Kinder orthodoxer Priester und evangelischer Pastoren, die in ihrer Kindheit so stark vom Wesentlichen am Dienstauftrag ihres Vaters geprägt worden sind, daß sie, nachdem sie als Erwachsene einen Beruf ergriffen haben, eine lebendige Nachfolge Christi gewährleisten.

Sollte für die katholische Kirche die Stunde gekommen sein, verheirateten Männern die Priesterweihe zu erteilen? Diese Frage stelle ich mit der Autorität, die mir daher zukommt, daß ich nach Taizé gekommen bin und Männer dorthin gerufen habe, die sich entschlossen haben, ihr ganzes Leben lang das Engagement der Ehelosigkeit in Gemeinschaft zu leben. Daher weiß ich um die Fähigkeit zur mystischen Kommunion, die der Zölibat verleiht. Würden wir auch alle Engagements des gemeinsamen Lebens auf uns nehmen, nicht aber das der Ehelosigkeit, wir würden nie erfahren, bis zu welchem Grad sich der Mensch von der Leidenschaft für die Gemeinschaft im Leibe Christi verzehren lassen kann.

6. April
Wer sich für sich selbst bewahrt, läuft Gefahr, ein lebender Toter zu sein. Wenn man das einzige Ziel des Lebens im Überleben sieht, fehlt dem Dasein jeder Sinn. Wer bereit ist, sein Leben zu verlieren, hört einen Ruf, der über ihn selbst hinausweist.

Mit ewiger Liebe geliebt

„Liebst du mich?" Das ist die letzte Frage, die Jesus an Petrus richtet. Petrus ist traurig und niedergeschlagen, weil er Jesus vor seiner qualvollen Kreuzigung dreimal verleugnet hat. Und nun steht der Auferstandene vor ihm. Aber Jesus verurteilt ihn nicht, weil er ihn verleugnet hat. Er spielt nicht die Rolle des Starken. Er zerrt nicht am Strick des schlechten Gewissens, der sich schon um den Hals des Petrus schlingt. In Christus schlägt ein menschliches Herz. Auch er ist in seinem irdischen Leben durch Dunkelheiten gegangen.

Christus sagt nur diese drei Worte zu Petrus: „Liebst du mich?" Und Petrus antwortet: „Herr, du weißt, daß ich dich liebe." Ein zweites Mal fragt Jesus: „Liebst du mich?" Und wieder antwortet Petrus: „Aber du weißt doch, daß ich dich liebe." Und Jesus beharrt und fragt ein drittes Mal: „Liebst du mich mehr als diese da?" Da antwortet Petrus verwirrt: „Herr, du weißt alles, du weißt auch, daß ich dich liebe."

Seit jenem Tag stellt Jesus jedem Menschen auf Erden immer wieder die Frage: „Liebst du mich?"

Es gibt Tage, an denen wir uns die Ohren verstopfen, weil uns die Frage unerträglich wird. Sie ist unerträglich für den, der nie menschliche Liebe erfahren hat, der nur Verlassenheit kennt oder die Wunden, die man ihm in der Unschuld seiner Kindheit geschlagen hat. Sie wird für uns alle unerträglich, wenn sie jene letzte Schicht von Einsamkeit in uns aufdeckt, die keine menschliche Verbundenheit auszufüllen vermag, jene tiefste Einsamkeit, in der uns Gott erwartet. Und wenn die Auflehnung sich steigert bis zum Äußersten, dann klingt diese Frage wie eine Verurteilung, so wahr ist es, daß kein Mensch nur durch einen Willensakt zu lieben vermag.

Wissen wir das wirklich klar genug? Christus verpflichtet niemanden, ihn zu lieben. Aber er, der Lebendige, bleibt an der Seite eines jeden von uns wie ein Armer, ein Unbekannter. Selbst in den fragwürdigsten Ereignissen, in der Zerbrechlichkeit des Daseins ist er uns nahe. Seine Liebe ist Gegenwart, nicht nur für einen Augenblick, sondern für immer. Diese Liebe von Ewigkeit schließt uns eine Zukunft jenseits von uns selber auf. Ohne diesen anderen Ursprung, ohne dieses Werden-über-sich-selber-hinaus, hat der Mensch keine Hoffnung mehr ... und die Lust voranzuschreiten erlischt.

Im Angesicht dieser Liebe von Ewigkeit ahnen wir, daß unsere konkrete Antwort nicht flüchtig, nicht auf einen bestimmten Zeitraum beschränkt sein darf, nach dem wir uns wieder zurücknehmen. Aber ebensowenig kann unsere Antwort in einer Willensanstrengung bestehen. Manche würden daran zerbrechen. Sie besteht mehr darin, daß wir uns überlassen.

Wenn wir einfach vor ihm da sind, mit oder ohne Worte, so wissen wir, wo unser Herz Ruhe finden kann, und wir können ihm als Arme antworten. Darin liegt die verborgene Triebkraft eines Daseins, das Wagnis des Evangeliums. „Auch wenn ich manchmal nicht mehr weiß, ob ich dich liebe oder nicht, du, o Christus, weißt alles, du weißt, daß ich dich liebe."

Wirkliches Glück wird dem zuteil, der die Risiken dieser Liebe auf sich nimmt, ohne sich darum zu kümmern, was es ihn kosten wird. Sobald du ein Glück suchst, um dir selbst zu dienen, wirst du es über kurz oder lang verlieren. Je leidenschaftlicher du es zu ergreifen suchst, desto weiter wird es sich von dir entfernen.

Leidenschaftlicher Sucher seiner Liebe von Ewigkeit, wer du auch seist, weißt du, wo dein Herz Ruhe findet? Gerade durch deine Wunde hindurch öffnet er die Tür zur Fülle: zum Lobpreis seiner Liebe. Überlasse dich, gib dich. Das heilt die Wunden, und nicht nur die deinen. In ihm finden wir schon Heilung, heilen wir einander.

8. April
Morgen bin ich in London. Der Templetonpreis wird zum zweiten Mal verliehen. Als ich hörte, daß man mich gewählt hat, dachte ich an Mutter Teresa, die ihn im vergangenen Jahr erhalten hat, und an meine Brüder, die mit ihr in Kalkutta in den Sterbehäusern arbeiten.

Nimm diesen Versöhnungspreis an in aller Herzenseinfalt, ohne darin etwas anderes zu sehen als eine Bekräftigung von seiten der Glaubenden – Buddhisten, Hindus, Muslimen, Juden und Christen – für den Glaubenden, der zu sein du dich Tag für Tag bemühst.

Die mit diesem Preis verbundene bedeutende Summe wird nicht an die Communauté gehen. Wir haben immer alle Gaben abgelehnt und ausschließlich von unserer Arbeit gelebt, ohne finanzielle Rücklagen. Ebensowenig kann ich die Summe für den Empfang der Jugendlichen in Taizé annehmen, auch wenn die Kasse gerade leer ist.

Ich habe die jungen Menschen, die sich in den letzten Wochen in Taizé aufhielten, gefragt und befragen lassen, wem ich das Geld zukommen lassen soll. Es wird an Jugendliche vor allem der südlichen Hemisphäre gehen, die sich auf den Wegen von Kampf und Kontemplation engagiert haben und einander begegnen wollen, um unermüdlich nach einer Gemeinschaft unter allen Menschen zu suchen. Ein erster Teil der Summe wird auf den Britischen Inseln an Jugendliche verteilt werden, die für die Aufnahme afrikanischer und asiatischer Auswanderer arbeiten bzw. für die Versöhnung in Nordirland kämpfen.

10. April
Öfter als früher fragt man mich: Was ist das Stärkste in Ihrem Leben?

Ohne zu zögern erwidere ich: vor allem das gemeinsame Gebet, und in diesem die langen Zeiten der Stille.

Gleich danach kommt als das Schönste in meinem Leben: einen Menschen im persönlichen Gespräch in seiner Ganzheit zu erkennen, sowohl die innere Dramatik, die sich kaum eingestehen läßt, der aus dauerndem Scheitern oder einem inneren Bruch herrührende Komplex, wie auch die unersetzlichen Gaben, durch die hindurch das Leben in Gott in einem Menschen alles vollbringen kann.

Auch das unaussprechlichste Eingeständnis kann mich an einem Menschen nicht irre machen, vielmehr bemühe ich mich, ihn in seiner Ganzheit zu begreifen, wobei ich mich mehr auf wenige

Worte und gewisse Einstellungen stütze als auf lange Formulierungen.

Die Intuition kommt dem Verständnis zu Hilfe. Es bedarf ihrer ganzen Weite, um in das einzudringen, was im Gesprächspartner vorgeht. Zur Intuition fügt sich ein Mitempfinden, das von Jahr zu Jahr lebendiger wird. Und da meine Zeit bemessener ist als früher, bin ich noch hellhöriger, um im Augenblicklichen das Grundlegende herauszuspüren.

Es genügt nicht, mit einem Menschen nur das zu teilen, was sein Inneres unfrei macht. Man muß auch die besondere Gabe herausfinden, die Gott ihm gegeben hat, den Grundpfeiler seiner ganzen Existenz. Hat man diese Gabe oder diese Gaben einmal ganz ans Licht gebracht, dann stehen alle Wege offen.

Gar nicht weiter eingehen auf die Komplexe, Verwirrungen, Mißerfolge, die gegensätzlichen Kräfte, für die sich ihrerseits wieder tausend einander widersprechende Begründungen finden lassen, sondern sobald wie möglich in die wesentliche Phase eintreten, d. h. die einmalige Gabe, die in jedes menschliche Wesen hineingelegten Talente entdecken, damit sie nicht begraben bleiben, sondern in Gott zur Entfaltung gebracht werden.

Das Schönste in meinem Leben? Ich könnte die Aufzählung unendlich fortsetzen: die seltenen Augenblicke, wo es mir möglich ist, unversehens fortzugehen, auf und davon... stundenlang im Gespräch die Straßen einer großen Stadt durchwandern... Gäste zum Essen empfangen... oder auch einen meiner Brüder in mein Zimmer kommen sehen und in seinem klaren Blick seine Ehrlichkeit gegen sich selber und seinen Widerstand gegen Irrwege bewundern.

11. April
Was wird der heutige Tag für den jungen Mann bedeuten, der gestern hinten in der Kirche gewartet hat, bis alle gegangen waren, um als letzter mit mir zu sprechen? Seine Frau beobachtete ihn aus einiger Entfernung. Aus seinen Worten verstand ich, daß in seinem Innern vor langer Zeit etwas zerbrochen ist, und daß dieser Bruch heute einen Bruch nach dem andern auslöst. Wie wird sich seine Zukunft gestalten? Ich vertraue: Was er immer für sich behalten hat, ist gleichsam explodiert, endlich hat er es aussprechen können. Nach und nach wird alles in Ordnung kommen. Ich erwarte einen Brief von ihm.

Und was wird dieser Tag für F. bedeuten? Auch ihn habe ich gestern entdeckt. Er ist politischer Flüchtling und geht nach Mexiko. „Wissen Ihre Eltern, was vorgeht?" frage ich ihn. „Nein, sie sind zu einfach, um zu verstehen. Besonders meine Mutter. Es würde sie zerbrechen." Er beklagt sich über nichts. Er ist einfach gekommen, um mich zu umarmen und den Segen Christi zu empfangen.

Wie er mir sagt, gilt ihm dieser Augenblick als Abschied von seinen Eltern.

16. April
Osterwoche. Hinsichtlich des Konzils der Jugend ist eines klar: Es kann sich nicht mit Jugendlichen zufriedengeben, die sich nur halb engagieren; es braucht vielmehr ausschließlich junge Männer und Frauen, die sich Schritt für Schritt mit ihrem ganzen Sein engagieren.

Ebensowenig wie für irgend etwas anderes auf der Welt werden wir für das Konzil der Jugend Anhänger werben. Wir befreien uns nicht von harten, autoritären und kalten Indoktrinationen, um uns auf andere Ideologien einzulassen, uns anderen totalitären Systemen auszuliefern, und seien sie noch so verführerisch.

18. April
Wie viele Menschen verbergen sich hinter ihren eigenen Worten. Es kommt vor, daß gerade Menschen, die sich am wenigsten für Christus, für die Gerechtigkeit einsetzen, diesen Mangel an Einsatz durch ein reines Lippenbekenntnis zu Idealen oder Lehrmeinungen verbergen, gegen die sich nichts einwenden läßt.

26. April
Oft habe ich an die Notwendigkeit gedacht, unsere „Regel von Taizé" weiter zu vereinfachen,

angefangen bei ihrem Titel. Sie hat nichts von dem, was man gemeinhin unter einer Regel versteht. Sie zeigt einen einfachen Weg auf, wie man ein Gleichnis der Gemeinschaft leben kann.

6. Mai

Der Grünspecht schweigt. Sein Lieblingsplatz, der Stamm des verdorrten Katalpabaumes ist umgeschlagen worden und in Asche aufgegangen. Die Asche wird dem Töpfer für seine Emailarbeiten dienen. Der Sturz eines Baumes! Ich kann den alten Kastanienbaum nicht vergessen, der eines Tages gefällt wurde, weil der Blitz ihn in zwei Teile gespalten hatte. Der Boden auf unserem Hügel ist nicht sehr fruchtbar. Darum zählt jeder Baum.

7. Mai

Gestern spät abends kamen vier Afrikaner. Zwei von ihnen sind aus ihrem Land verbannt. Um sie empfangen und ihnen zuhören zu können, habe ich das Feuer in meinem Zimmer wiederangefacht. Einer von ihnen erzählte vom Tod seiner Eltern, die einfach nur wegen ihrer Volkszugehörigkeit getötet worden sind. Auf diesem Fleck burgundischer Erde werden die beiden fortan eine neue Familie haben.

8. Mai

Ein junger portugiesischer Dichter schreibt mir: „Am 25. April haben die Ärmsten Europas bewiesen, daß eine gewaltlose Revolution möglich ist. Das ist ein Gedenktag für die Weltgeschichte. Hoffnung hat das Land erfaßt wie eine Flamme. Als wäre ein Kind ohne allzu viele Schmerzen zur Welt gebracht worden. Man weiß noch nicht, welche Farbe seine Augen haben, aber seine ersten Schreie waren so schön, daß ein ganzes Volk in Freude aufgewacht ist. Beten Sie darum, daß die eben erst aufgebrochene Hoffnung zur Entfaltung kommt. Alle diese Tage hat es mich gedrängt, Ihnen ganz einfach zu telegraphieren: Kommen und schauen Sie!"

10. Mai
Es wäre so bequem, sich der Presse gegenüber zu den Schwierigkeiten zu äußern, denen wir bei manchen leitenden Persönlichkeiten in den kirchlichen Institutionen begegnen. Das würde uns sofort Sympathien einbringen, aber wir würden es uns damit zu leicht machen. Es würde bedeuten, der Gemeinschaft im Leibe Christi entgegenarbeiten. In solchen Zeiten schweigen ist eine Form der Askese. Man muß versuchen, den Gegner zu verstehen, dann wird sich vielleicht eines Tages wider alle Erwartung ein Dialog von Mensch zu Mensch entspinnen, und alles wird sich klären.

11. Mai
In der Geschichte der Christen haben sich die großen Erneuerungen in Zeiten vollzogen, in denen

die Menschen von einer glühenden Liebe zum Wort Gottes erfüllt waren.

Sobald man aber die Schrift in Systeme zwängt, um aus ihr eisige Lehren abzuleiten, sinkt dieses Feuer in sich zusammen. Der heutige Mensch weiß das so gut, daß er gegen jegliche Lehre „ex cathedra" ein gewisses Mißtrauen hegt, auch wenn sie in der Schrift wurzelt. Er zieht es vor, den Beweis für die Existenz Gottes dadurch zu erbringen, daß er aus ihm lebt, und nicht durch verstandesmäßige Beweisführung. Nach seiner Überzeugung kommt die Praxis vor der Lehre. Ein junger Theologe hat mir das in seiner Sprache gesagt: „Die Orthopraxis geht der Orthodoxie voraus."

17. Mai

In der „Regel von Taizé" ist nirgends die Rede vom Gehorsam. Als ich sie vor fast fünfundzwanzig Jahren niederschrieb, war ich mir über die Wandlungen, die sich im menschlichen Bewußtsein vollziehen, klar. Aus sehr verschiedenen Gründen verlangt der Mensch sehnsüchtig danach, seine besonderen, nur ihm persönlich zuteil gewordenen Gaben zu leben, und dabei empfindet er den Gehorsam als Einschränkung.

Und doch kann keine Gemeinschaft lange über Höhen und Tiefen durchhalten, wenn sie nicht den Hirtendienst eines Menschen akzeptiert, geradeso wie im menschlichen Körper keine Zelle am Leben bleiben kann ohne einen Zellkern. Der Dienst dieses Menschen besteht vor allem darin, daß er jedem einzelnen dazu verhilft, seine persönliche Gabe zu entdecken, um sie in Freiheit in die gemeinsame Schöpfung einzubringen.

7. Juni

Seit einigen Jahren wächst in mir die Überzeugung, daß es eine ganze verborgene, unwägbare, aber wirkende Welt der Finsternis gibt. Ist nicht sie es, die sich offenbart, wenn in diesem oder jenem Gegenüber ein getarntes Bedürfnis nach Macht aufsteigt oder wenn ein kleiner Hauch von Inquisition von ihm herweht? Sie erfaßt den Glaubenden um so mehr, als sie ihn durchdringbar und wehrlos weiß.

Diese meine Gewißheit steht in Widerspruch zur heute vorherrschenden Meinung. Man glaubt nicht an den Versucher. Tatsächlich ist es nur zu begrüßen, wenn der Teufel mit Hörnern und Klauen zusammen mit allen andern Übeln der Vergangenheit abgetan wird. Aber wer könnte vergessen, daß Christus vierzig Tage lang dem Versucher widerstanden hat?

12. Juni

Sein Herz in Gott ruhen lassen, sich auf den sicheren Wassern treiben lassen, das Leben lieben, wie es ist, mit allen Härten, die dazu gehören. Geben, ohne die Jahre zu zählen, die einem noch verbleiben, ohne es darauf anzulegen, daß es noch mehr oder weniger lange dauert.

18. Juni

Ich brauche nur wenige Tage fort zu sein, und schon fehlt mir das Haus. So ist es bei mir von Kindheit an gewesen. Die Ferien, die ich bei meiner Großmutter väterlicherseits zubrachte, waren die ersten Aufenthalte fern von zu Hause. Mit unbeschreiblichem Entzücken fuhr ich hin. Dort verbrachte ich Stunden damit, meiner Großmutter zuzuhören. Schwarz gekleidet, aufrecht und bewegungslos sprach sie mir von der unermeßlichen Traurigkeit ihrer Jugend. Ihre Mutter war innerhalb von drei Wochen gestorben, blind vom vielen Weinen über die Schicksalsschläge, die ihre Familie getroffen hatten. Schon nach wenigen Tagen begann ich mich zu langweilen. Gerne wäre ich nach Hause zurückgekehrt, um wieder das vertraute Haus, die vertrauten Bäume zu sehen. Meine Tante, die mit meiner Großmutter lebte, trug viel zu diesem Überdruß bei. Sie verbrachte ihre Zeit damit, meine Erziehung zu verbessern. „Man legt die Finger nicht auf die Klinge des Messers. Man hält die Hände am Rand des Tisches, nicht weiter drinnen. Man legt seine Hände nicht auf die Knie." Meine Tante schien mir dadurch meine Eltern zu verurteilen. Sie fand, mein Vater habe einen sehr einfachen Geschmack und meine Mutter kümmerte sich mehr um die Musik als um ihre neun Kinder. Alle fürchteten die Bemerkungen dieser Tante. Deshalb war es immer das jüngste Kind, das man in den Ferien zu ihr schickte.

2. Juli
Ende nächsten Monats wird das Konzil der Jugend eröffnet. Es haben sich zahlreiche Vorschläge angesammelt, und man sollte meinen, wir hätten nun genug Licht, um diese Eröffnung zu leben. Aber so ist es keineswegs. Dieses Gefühl der Leere kommt unerwartet, es war kaum vorauszusehen, aber es bedeutet keine Anfechtung. Unser Vertrauen wird dadurch nicht erschüttert. Am 30. August treten wir mit dem wenigen, was wir verstanden haben, in die neue Phase ein – das ist alles. Und dann wird sich die Leere füllen.

Woher dieses Vertrauen? Daher, daß das Konzil der Jugend so wenig unsere und so sehr die Sache Christi ist. Wir werden einfach die staunenden, manchmal die bewundernden Zeugen sein. Was wir an Echtem, an Weitem leben, kann nur von ihm kommen. Es ist also die Leere, aus der die Gewißheit kommt.

13. Juli
Manche Menschen haben einen unwiderstehlichen Drang, über andere zu herrschen; sie möchten durch Wort oder Blick vernichten, um selber zu überleben. Wenn sie in ihrer Verwirrung schlecht verdaute analytische Kenntnisse anwenden, so verleiht ihnen das Autorität. Sie können den großen Weisen spielen und üben ihre zerstörende Wirkung aus. Gegen zerstörerische Menschen soll man sich nicht auflehnen. Nie aber darf

man sich ihnen in der Sphäre zugesellen, in die sie sich einschließen.

20. Juli

Treffen mit einer Gruppe von Jugendlichen aus Asien, Nordamerika, Afrika, Lateinamerika und Europa, um über die Eröffnung des Konzils zu sprechen. Nach ihrer Ansicht soll *ein* Ausdruck dieser Eröffnung ein Brief sein, der dem Volk Gottes die Bestrebungen, die den Jugendlichen so brennend am Herzen liegen, zur Kenntnis bringt. Sie haben bereits mit der Abfassung des Briefes begonnen. Ich meinerseits möchte einen anderen, an jeden einzelnen Jugendlichen gerichteten Brief schreiben und darin einige unerläßliche Voraussetzungen aufzeigen, um die herum man seine ganze Existenz aufbauen kann. Etwas wie eine kleine „Lebensregel", die den Jugendlichen all die Jahre hindurch begleitet. Sie könnte „Aufbruch ins Ungeahnte" heißen.

25. Juli

Seit Jahren bemühen wir uns, ein gegenseitiges Geben und Nehmen zwischen der südlichen und der nördlichen Hemisphäre in Gang zu bringen, aber die trennende Kluft schließt sich nicht. Auf beiden Seiten unwiderrufliche Urteile. Hier und dort gibt es Jugendliche von grenzenloser Teilnahmslosigkeit. Diese Generation fällt zwei Phänomenen zum Opfer: einerseits der schwerwiegenden Spaltung unter den getrennten Christen, andrerseits einem Wirtschaftssystem, das die einen durch die Armut, die andern durch einen hemmungslosen Konsum stumpf macht.

30. August 1974
Der Tag der Eröffnung des Konzils der Jugend ist gekommen, dieser Tag, an dem wir alle sagen möchten: Öffne dich, damit du von jedem Menschen alles verstehst, dem Menschen, der aus demselben Teig gemacht ist wie du, der sucht, kämpft, schafft und betet wie du.

Der Tag ist gekommen, auf den wir lange gewartet haben. Während der Wartezeit haben wir mit allen Kräften gemeinsam gesucht, bei allen Spannungen, die das mit sich bringt; und schließlich war es das Vertrauen aus Liebe, das die Oberhand behielt.

Als ich am 20. August 1940 in dieser menschlichen Wüste ankam, gab es nichts, wodurch ich diese Tage hätte vorausahnen können, an denen vierzigtausend junge Menschen in Taizé versammelt sind. Und dazu kommen noch alle, die in der Ferne sind, alle, die uns sehr nahestehen, die zum Schweigen verurteilt, im Gefängnis sind und die um des Evangeliums willen oder um ihres Kampfes für Gerechtigkeit und Freiheit willen verfolgt werden.

Mit allen zusammen, mit den Menschen überall auf der Erde sind wir berufen, aufzubrechen ins Ungeahnte.

Aufbruch ins Ungeahnte

Diesen Brief habe ich für dich geschrieben, der du dein Leben aufbauen willst in Gemeinschaft mit Christus, der Liebe ist. Je stärker du dich dein ganzes Leben hindurch an einige grundlegende Werte, einige einfache Wirklichkeiten hältst, desto freier wirst du sein, von einem Provisorium ins andere zu gehen.

Eröffnung des Konzils der Jugend
Taizé, am 30. August 1974

Zusammen mit dem Volk Gottes, mit Menschen überall auf der Erde, bist du eingeladen, ins Ungeahnte aufzubrechen. Wie könntest du für dich allein das klare Leuchten Gottes erkennen?

Gott ist zu blendend, als daß man ihn schauen könnte. Das Auge erblindet vor seinem Glanz. Christus fängt dieses verzehrende Feuer in sich auf und läßt Gott in einer für uns faßbaren Weise, durch sich selbst hindurchscheinen.

Ob wir von Christus wissen oder nicht, er ist da, bei jedem einzelnen. Er ist so unauflösbar mit dem

Menschen verbunden, daß er in ihm wohnt, selbst wenn dieser es nicht weiß. Er ist da wie insgeheim, wie eine brennende Wunde im Herzen des Menschen, wie Licht in der Dunkelheit.

Aber Christus ist auch ein anderer als du selber. Er, der Lebendige, steht vor dir, jenseits von dir.

Das ist sein Geheimnis: er hat dich zuerst geliebt.

Das ist der Sinn deines Lebens: geliebt zu sein für immer, geliebt in alle Ewigkeit, damit du selber grenzenlos liebst. Ohne die Liebe, wozu leben?

Von nun an ist nur eines verhängnisvoll im Gebet wie im Kampf: die Liebe verlieren. Ohne die Liebe, wozu glauben, wozu selbst seinen Leib zum Verbrennen hingeben?

Ahnst du es? Kampf und Kontemplation haben nur eine einzige Quelle: Christus, der Liebe ist.

Wenn du betest, geschieht es aus Liebe. Wenn du kämpfst, um dem Ausgebeuteten seine Menschenwürde wiederzugeben, so geschieht auch das aus Liebe.

Wirst du dich auf diesen Weg führen lassen? Wirst du Christus für die Menschen leben, auch wenn du dabei dein Leben aus Liebe verlierst?

GEMEINSAM MIT DEN MENSCHEN
DER GANZEN ERDE

Was vermag schon der einzelne für sich allein, wo es darum geht, denen, die keine Stimme haben, Gehör zu verschaffen und an einer klassenlosen Gesellschaft mitzubauen?

Mit dem ganzen Volk Gottes, kollektiv, ist es möglich, ein Feuer auf der Erde zu entzünden.

Eine Frage Christi trifft uns bis ins Innerste: Als der Arme hungerte, hast du mich in ihm erkannt? Wo bist du gewesen, als ich das Leben der Elendsten teilte? Hast du andere unterdrückt, auch nur einen einzigen Menschen auf der Erde? Hast du den Trugbildern des Reichtums den Vorzug gegeben, als ich sagte: „Wehe den Reichen", den Reichen an Geld, den Reichen an starren Ideologien?

Dein Kampf kann nicht durch herumschwirrende Ideen geführt werden, die sich im Leben nie verwirklichen.

Durchbrich die Unterdrückung der Armen und Ausgebeuteten, und staunend wirst du sehen, wie sich schon jetzt auf der Erde Zeichen der Auferstehung aufrichten.

Teile deine Güter um einer größeren Gerechtigkeit willen. Mache niemanden zu deinem Opfer. Sei allen Menschen Bruder, schlage dich immer zu den Ausgestoßenen und Verachteten.

„Liebe, die dich hassen, bete für die, die dir Bö-

ses tun." Wie könntest du im Haß Christus widerspiegeln? „Liebe deinen Nächsten wie dich selber." Wenn du dich selbst verabscheutest, welch trostloses Elend in dir.

Mensch überströmender Fülle, du versuchst, am andern alles zu verstehen.

Je näher du einer Gemeinschaft kommst, um so mehr wird sich der Versucher um dich bemühen. Um dich von diesem Widersacher zu befreien, singe Christus, bis seine Freude durchbricht.

Spannungen können sich schöpferisch auswirken. Wenn aber durch sie deine Beziehung zum andern zu innerem Groll und Widerspruch absinkt, wenn du keinen Weg mehr findest zu gegenseitigem Verstehen, dann vergiß nicht, daß jenseits der gegenwärtigen Dürre neue Ufer warten.

Der Mensch geht in seinem Urteil über die andern von sich selber aus, er urteilt nach seinem eigenen Herzen. Du aber denke einzig an das Beste, was du im andern entdeckt hast. Nicht voller Verurteilungen sei dein Mund, sondern das befreiende Wort auf deinen Lippen. Halte dich nicht damit auf, den Strohhalm im Auge deines Bruders zu suchen.

Tut man dir Unrecht um Christi willen, tanze und vergib, wie Gott vergeben hat. Das wird dich frei machen, unvergleichlich frei.

Wozu nützt es, wenn man in allen Meinungsverschiedenheiten herausfindet, wer recht und wer unrecht hat?

Meide alles geschickte Manövrieren, suche die Lauterkeit des Herzens, manipuliere nie das Gewissen deines Nächsten, indem du seine innere Unsicherheit benützt wie einen Hebel, um ihn deinen Plänen gefügig zu machen.

Bequeme Mittel vertragen sich nicht mit schöpferischen Kräften. Die Armut der Mittel bewirkt, daß man intensiv und fröhlich im Heute lebt. Sobald aber die Armut der Mittel Strenge oder Kritiksucht zur Folge hat, schwindet die Freude dahin.

Aus der Armut der Mittel entspringt der Sinn für das Allumfassende... und das Fest beginnt von neuem. Das Fest wird nie aufhören.

Wenn das Fest unter den Menschen verschwände... Wenn wir eines Morgens aufwachten in einer übersättigten Gesellschaft bar jeder Spontaneität... Wenn das Gebet so weitgehend säkularisiert wäre, daß nur mehr ein Reden übrigbliebe ohne Gefühl für das Geheimnis und ohne Platz für das körperliche Gebet, für Poesie, Gemüt und innere Empfindung... Wenn wir das kindliche Vertrauen in die Eucharistie und das Wort Gottes verlören... Wenn wir an trüben Tagen zerstörten, was uns in Tagen des Lichtes aufgegangen ist... Wenn wir ein Glück zurückwiesen, das uns von jenem angeboten wird, der ein achtmaliges „selig" ausgesprochen hat... (Matth. 5).

Wenn das Fest im Leibe Christi erlischt, wenn die Kirche zu einem Ort der Absonderung anstatt des allumfassenden Verstehens wird, wo läßt sich dann auf Erden ein Ort der Freundschaft für die ganze Menschheit finden?

NUR IN DER GEGENWART GOTTES KANN DER MENSCH ER SELBER SEIN

Weshalb sollte es dich beunruhigen, wenn Gott sich dir im Gebet nicht in fühlbarer Weise mitteilt? Die Trennungslinie zwischen Leere und Fülle ist ebenso unscharf wie die zwischen Zweifel und Glauben, zwischen Furcht und Liebe.

Das Wesentliche bleibt deinen Augen verborgen, aber das steigert die Sehnsucht, mit der du die einzige Wirklichkeit zu finden suchst. So wird es nach und nach möglich, die Tiefe und Weite einer Liebe zu ahnen, die alles Begreifen übersteigt. Gelangst du einmal dahin, dann stehst du an den Toren der Kontemplation. Dort schöpfst du die Kraft zu stetem Neubeginn, zu restlosem, kühnem Einsatz.

Wenn du dich selbst entdeckst, ohne jemanden zu haben, der dich versteht, kann in dir Scham darüber aufsteigen, daß du existierst, die bis zur Selbstvernichtung geht. Du kommst dir dann manchmal vor wie ein lebender Verdammter. Aber für das Evangelium gibt es weder normal noch anomal; es gibt einfach Menschen nach dem

Bilde Gottes. Wer kann uns noch verurteilen? Jesus betet in dir. Er bietet jedem, der mit dem Herzen eines Armen lebt, die Befreiung der Vergebung an, damit auch er zum Befreier für die andern werde.

In jedem Menschen findet sich eine Schicht der Einsamkeit, die keine menschliche Verbundenheit auszufüllen vermag, auch nicht die stärkste Liebe zwischen zwei Menschen. Wer nicht in diese Stelle der Einsamkeit einwilligen will, lebt im Aufruhr gegen die Menschen und sogar gegen Gott.

Und doch bist du nie allein. Laß dich ausloten bis in dein innerstes Sein, und du wirst sehen, daß jeder Mensch dafür geschaffen ist, bewohnt zu sein. Dort in der Tiefe des Seins, wo keiner keinem gleicht, dort erwartet dich Christus. Dort ereignet sich das Unerwartete.

Wie ein Blitz zieht die Liebe Gottes vorüber, der Heilige Geist durchdringt jeden Menschen in seiner Nacht, wie ein Lichtschein. In diesem Vorüberziehen ergreift dich der Auferstandene, macht er alles zu seiner Sache, nimmt er alles auf sich, was unerträglich ist.

Erst nachträglich, manchmal erst viel später wird dir klar: Christus ist vorbeigegangen, seine Überfülle ist in dich eingegangen.

Wenn dir die Augen aufgehen für das Vorüberkommen, sagst du bei dir selber: „Brannte nicht das Herz in mir, als er zu mir sprach?"

Christus vernichtet den Menschen aus Fleisch und Blut nicht. In der Gemeinschaft mit ihm ist kein Platz für Entfremdungen. Er zerbricht nicht, was im Menschen ist. Er ist nicht gekommen aufzuheben, sondern zu erfüllen. Wenn du in der Stille deines Herzens lauschst, verklärt er alles, auch das, was dich am meisten beunruhigt. Wenn du nichts mehr begreifst, wenn dichte Finsternis dich umgibt, seine Liebe ist ein Feuer. Von dir hängt es ab, ob du auf diese Lampe, die in der Finsternis brennt, hinschaust, bis die Morgenröte hervorbricht und der Tag in deinem Herzen aufsteigt.

GLÜCKLICH WER GRENZENLOS LIEBT

Du, o Christus, forderst mich unablässig heraus und fragst mich: „Für wen hältst du mich?"

Du bist es, der mich liebt bis in das Leben, das ohne Ende ist.

Du öffnest mir den Weg zum Wagnis. Du gehst mir voraus auf dem Weg zur Heiligkeit, wo der das Glück findet, der liebt bis in den Tod, und wo das Martyrium die letzte Antwort ist.

Tag für Tag wandelst du das Nein in mir um in ein Ja. Du willst nicht nur ein paar Brocken von mir, sondern mein ganzes Dasein.

Du bist es, der Tag und Nacht in mir betet, ohne daß ich darum weiß. Mein Stammeln ist Gebet. Im

Anruf deines Namens, Jesus, erfüllt sich unsere Gemeinschaft.

Du bist es, der jeden Morgen den Ring des verlorenen Sohnes, den Ring des Festes, an meinen Finger steckt.

Und ich, warum habe ich so lange gezögert? Habe ich „die Herrlichkeit Gottes gegen Ohnmacht ausgetauscht, habe ich den Quell lebendigen Wassers verlassen und mir Zisternen gegraben, rissige Zisternen, die das Wasser nicht halten?" (Jer. 2).

Du hast mich unablässig gesucht. Warum habe ich von neuem gezögert und mir Zeit erbeten, um mich um meine Angelegenheiten zu kümmern? Warum habe ich zurückgeschaut, nachdem ich die Hand an den Pflug gelegt hatte? Ohne es recht zu wissen, bin ich untauglich geworden, dir nachzufolgen.

Und doch, obwohl ich dich nicht gesehen habe, habe ich dich geliebt.

Du hast mir wiederholt gesagt: „Lebe das wenige, was du vom Evangelium begriffen hast. Verkünde mein Leben unter den Menschen. Entzünde ein Feuer auf der Erde. Komm und folge mir nach..."

Und eines Tages habe ich begriffen: Du wolltest meinen unwiderruflichen Entschluß.

Roger, dein Bruder

Bücher über Taizé

Taizé und das Konzil der Jugend
Band 543, 128 Seiten, 3. Auflage

José Luis Gonzáles-Balado
Taizé – Frère Roger
Band 667, 144 Seiten

in der Herderbücherei